채용에서 퇴직까지
10년간 빅데이터 분석에 따른

인사노무
지식 백과사전

❷

임금, 급여·압류·원천징수, 4대 보험, 퇴직(연)금

채용에서 퇴직까지 10년간 빅데이터 분석에 따른

인사노무 지식 백과사전 Ⅱ

임금, 급여·압류·원천징수, 4대 보험, 퇴직(연)금

제1판 제1쇄 인쇄 2020년 02월 17일
제1판 제1쇄 발행 2020년 02월 28일

지은이 이민석, 이경복 **발행인** 조헌성 **발행처** (주)미래와경영
ISBN 978-89-6287-209-5 13320 **값** 16,000원
출판등록 2000년 03월 24일 제25100-2006-000040호
주소 (08590) 서울특별시 금천구 가산디지털1로 84, 에이스하이엔드타워 8차 1106호
전화번호 02) 837-1107 **팩스번호** 02) 837-1108
홈페이지 www.fmbook.com **이메일** fmbook@naver.com

■ 좋은 책은 독자와 함께합니다.
  책을 펴내고 싶은 소중한 경험이나 지식, 아이디어를 이메일 fmbook@naver.com로 보내주세요
  ㈜미래와경영은 언제나 여러분께 열려 있습니다.

2

이민석, 이경복 지음

채용에서 퇴직까지
10년간 빅데이터 분석에 따른

인사노무
지식 백과사전

임금, 급여·압류·원천징수, 4대 보험, 퇴직(연)금

미래와경영

Prologue

'People Analytics'라는 용어는 한 번 쯤 들어봤을 것이다. 구글의 前 인사담당 수석 부사장인 라즐로 복이 쓴 〈구글의 아침은 자유가 시작된다〉라는 책에서 잠깐 언급이 되었다.

2015년에 한글판으로 출간되서 그 당시 많은 사람들에게 구글의 독특한 인사·조직문화를 엿볼 수 있었고, 국내에선 불모지나 다름없는 HR Analytics에 대해 많은 사람들이 관심을 가지게 되었다.

저명한 인사전략 컨설턴트 조쉬버신도 인적자원보고서에서 앞으로 고급 분석기능을 갖춘 디지털 기술과 사고방식이 필요하다고 하였고, 딜로이트에서 나온 최근 보고서에도 HR 분야의 가장 중요한 요소가 될 것이라고 하였으니 국내 HR도 4차 산업혁명의 소용돌이를 피해갈 수 없게 되었다. 그것이 가능하게 된 것은 IT기술의 발달과 빅데이터의 폭발적 증가 때문이라고 할 수 있다.

2000년 초에 필자가 활동했던 국내 유명한 비주얼베이직 사이트가 있었다. 그 당시에 회원이 많이 물어보는 사항을 분류하고 정리해서 올렸었는데 사이트 운영자가 정리가 잘되었다며 포털에 게시했던 기억이 난다. 그때는 인터넷 카페가 활성화되기 전이라 데이터도 많지 않아서 정리하는 데 많은 시간이 소요되지는 않았다.

그 후로 시간이 흘러 방대한 양의 빅데이터가 축적되어 있는 인사쟁이 카페를 보면서 그동안 이곳에서 어떤 일이 일어나고 어떤 질문을 많이 했는지 분석하고, 국내 HR 트렌드를 정리하면 인사노무 업무 입문자들한테 좋은 길라잡이가 될 것이라는 생각을 했다.

그러나 아이디어는 좋았지만 N사는 최고의 회사답게 보안이 철통같아서 데이터를 추출하는 게 쉽지가 않았다. 복사 & 붙여넣기도 막혀있는 상태에서 십여 년간의 데이터를 일일이 하나씩 보면서 워드로 타이핑해서 옮기는 것은 더욱 무모한 짓이었기 때문이다.

이처럼 불가능할 것 같았던 일도 끊임없는 도전과 2년간의 집요한 배움 앞에 극복할 수 있게 되었다. 파이썬으로 제작한 크롤러가 딥러닝서버에서 48시간 돌면서 십 년간의 데이터를 자동으로 추출하는 걸 보고 놀라운 경험을 하게 되었다.

이번에 나온 책은 국내 대표 포털 인사쟁이 카페에서 추출한 빅데이터를 기반으로 인사노무급여 등 전 분야에 걸쳐 많이 질문하고 최근의 이슈 위주로 전처리해서 나온 결과물이라고 보면 된다.

일반적으로 데이터 전처리가 가장 힘들고 어려운데, HR 분야는 데이터를 추출하는 것이 가장 어렵다는 것을 느낀 계기가 되었다.

복잡 다난한 과정을 통해 나온 이 책은 단언컨대 실무자에게 많은 도움이 될 것이다.

'독만권서 행만리로(讀萬券書 行萬里路)'

만권의 책을 읽고 만리를 걷는다는 뜻으로, 명나라 서예가 동기창이란 사람이 서화에서 향기가 나려면 많이 읽고, 많이 걸어야(보아야) 한다고 하였다.

많이 읽고, 많이 걷기(보기) 위해서는 어떻게 해야 하는지 생각을 해보니 오래전에 읽은 〈다산선생 지식경영법〉이란 책에서 그 답을 찾을 수 있었다.

"배우는 사람에게 큰 병통이 세 가지 있다. 첫째, 외는데 민첩한 사람은 소홀한 것이 문제다. 둘째, 글짓는 것이 날래면 글이 들떠 날리는게 병통이지. 셋째, 깨달음이 재빠르면 거친 것이 폐단이다. 대저 둔한데도 계속 천착하는 사람은 구멍이 넓게 되고 막혔다가 뚫리면 그 흐름이 성대해진단다. 답답한데도 꾸준히 연마하는 사람은 그 빛이 반짝반짝하게 된다. 천착은 어떻게 해야 할까? 부지런히 해야 한다. 뚫는 것은 어찌하나? 부지런히 해야 한다. 연마하는 것은 어떻게 할까? 부지런히 해야 한다. 네가 어떤 자세로 부지런히 해야 할까? 마음을 확고하게 다잡아야 한다."

- 황상, 임술기, 치원유고(황상의 문집)

다산이 황상에게 써준 글이다. 부지런하고 부지런하고 부지런해라. 그러면 못할 것이 없다.

복사뼈가 세 번 구멍나고 벼루가 여러 개 밑창나도록 노력하고 또 노력하라는 다산의 말을 되새기며 필자도 삼근계(三勤戒)를 좌우명으로 삼아 더욱 매진하겠다.

아울러, 이 책이 나오기까지 도움을 주신 노무사님에게 감사를 드리고, 몇 개월간 주말을 반납해가며 고생한 필자에게도 박수를 보낸다.

CONTENTS

03. 상여금

04. 포괄임금

PART 02 급여·압류·원천징수

01. 급여정산

02. 급여 압류

02. 원천징수

PART 03 4대 보험

PART 04 **퇴직(연)금**

PART 01

임금

01

통상임금

고정연장수당 및 식대도 통상임금으로 보아야 하나요?

Q 당사 근로자들의 경우 연봉제입니다. 기본급 + 고정연장수당 (16시간) + 식대를 임의적으로 분류하여 포괄임금으로 지급하고 있습니다. 예를 들어 연봉 22,939,200원인 직원의 경우

- 기본급 : 1,625,000원 , 고정연장수당 : 186,600원 , 식대 : 100,000

   = 월지급액 : 1,911,600원

이렇게 산정하고 있습니다. 이 직원의 경우 시간급 통상임금을 기본급 ÷ 209 이렇게 산정을 하는데요. <기본급 + 연장수당 + 식대>를 모두 통상임금이라고 판단해야 하는가요?

A 통상임금 판단은 정기성, 일률성, 고정성 모두 인정되어야 합니다.

판례 및 행정해석 ✓

- 어떠한 임금이 통상임금에 속하는지 여부는 그 임금이 소정근로의 대가로 근로자에게 지급되는 금품으로서 정기적·일률적·고정적으로 지급되는 것인지를 기준으로 객관적인 성질에 따라 판단하여야 하고 임금의 명칭이나 지급주기의 장단 등 형식적 기준에 의해 정할 것이 아니다.

① 어떤 임금이 통상임금에 속하기 위해서 정기성을 갖추어야 한다는 것은 임금이 일정한 간격을 두고 계속적으로 지급되어야 함을 의미한다. 통상임금에 속하기 위한 성질을 갖춘 임금이 1개월을 넘는 기간마다 정기적으로 지급되는 경우, 이는 노사 간의 합의 등에 따라 근로자가 소정근로시간에 통상적으로 제공하는 근로의 대가가 1개월을 넘는 기간마다 분할 지급되고 있는 것일 뿐, 그러한 사정 때문에 갑자기 그 임금이 소정근로의 대가로서 성질을 상실하거나 정기성을 상실하게 되는 것이 아님은 분명하다.

② 어떤 임금이 통상임금에 속하기 위해서는 그것이 일률적으로 지급되는 성질을 갖추어야 한다. '일률적'으로 지급되는 것에는 '모든 근로자'에게 지급되는 것뿐만 아니라 '일정한 조건 또는 기준에 달한 모든 근로자'에게 지급되는 것도 포함된다. 여기서 '일정한 조건'이란 고정적이고 평균적인 임금을 산출하려는 통상임금의 개념에 비추어 볼 때 고정적인 조건이어야 한다. 일정 범위의 모든 근로자에게 지급된 임금이 일률성을 갖추고 있는지 판단하는 잣대인 '일정한 조건 또는 기준'은 통상임금이 소정근로의 가치를 평가한 개념이라는 점을 고려할 때, 작업 내용이나 기술, 경력 등과 같이 소정근로의 가치 평가와 관련된 조건이라야 한다.

③ 어떤 임금이 통상임금에 속하기 위해서는 그것이 고정적으로 지급되어야 한다. '고정성'이라 함은 '근로자가 제공한 근로에 대하여 업적, 성과 기타의 추가적인 조건과 관계없이 당연히 지급될 것이 확정되어 있는 성질'을 말하고, '고정적인 임금'은 '임금의 명칭 여하를 불문하고 임의의 날에 소정근로시간을 근무한 근로자가 그 다음 날 퇴직한다 하더라도 그 하루의 근로에 대한 대가로 당연하고도 확정적으로 지급받게 되는 최소한의 임금'이라고 정의할 수 있다. 고정성을 갖춘 임금은 근로자가 임의의 날에 소정근로를 제공하면 추가적인 조건의 충족 여부와 관계없이 당연히 지급될 것이 예정된 임금이므로, 지급 여부나 지급액이 사전에 확정된 것이라 할 수 있다. 이와 달리 근로자가 소정근로를 제공하더라도 추가적인 조건을 충족하여야 지급되는 임금이나 조건 충족 여부에 따라 지급액이 변동되는 임금 부분은 고정성을 갖춘 것이라고 할 수 없다. (대법 2012다89399, 2013.12.18.)

■ 식대

"식대의 경우 질의 내용으로 구체적인 사실관계를 알 수 없어 명확한 답변은 드리기 어려우나 질의 상 식대가 근로자 전원에게 매월 일정액인 월 10만원이 지급되는 경우라면 이는 소정근로의 대가로서 정기적·일률적·고정적으로 지급되는 것으로 보이므로 다른 추가적인 조건이 없다면 통상임금에 해당될 것입니다." (근로기준정책과-655, 2015.03.05.)

"정액급식비가 만약 모든 근로자에게 매월 일정금액이 지급되는 것이라면 이는 근로의 대가로서 임금에 해당된다고 볼 수 있다." (대법 2014다85189, 2016.09.23.)

"중식비에 관하여 보수지급일을 기준으로 1개월 내 15일 이상 근무를 하여야 지급된다는 조건이 있으며, 근로자가 소정근로를 제공하더라도 위와 같은 추가적인 조건을 충족하여야만 지급을 받을 수 있는 임금으로 통상임금에 필요한 '고정성'을 갖춘 것이라 할 수 없어 통상임금에 해당하지 않는다." (대법 2015다14075, 2016.03.24.)

■ 고정연장수당

"…연봉제로 임금체계를 변경해 기본급에 각종 수당을 포함하여 기본 연봉으로 통합하고, 기본연봉의 1/12을 매월 분할 지급할 경우에는 매월 지급되는 기본연봉을 통상임금으로 보아야할 것임. 다만, 기본 연봉안에 연장근로시간에 대한 임금까지 포함되어 있는 경우에는 이를 통상임금의 범주에서 제외해야 할 것으로 보임." (노사협력팀-6359, 2006.11.07.)

"근로자들이 현실적으로 시간외근로를 하고 있다는 전제 아래, 다만 영업직 근로자들의 업무특성상 실제 시간외근로시간을 측정하기 곤란한 사정을 고려하여 시간외근로수당을 정액제내지 정률제로 지급하기로 한 점, 그 금액산출기준도 현실적인 시간외근로를 전제로 하는 근로기준법 제56조의 규정을 기초로 하고 있는 점 등에 비추어, 시간외근로수당을 실제 시간외근로에 관계없이 정기적·일률적으로 지급하기로 정하여진 고정급인 통상수당으로 볼 수는없다." (대법 2001다72173, 2002.04.12.)

"…고정 O/T수당 금액을 명시하지 아니하거나 연장근로시간(또는 그 상한)이 명확하게 표시되지 아니하여 고정 O/T수당 금액을 알 수 없는 경우에는 달리 볼 사정이 없는 한 근로기준법 제56조의 연장근로수당이 적법하게 지급된 것으로 보기 어려울 것이라고 사료됨." (근로기준과-3172, 2005.06.13.;근로기준과-285, 2011.01.14.)

따라서 행정해석과 판례에 의하면 포괄임금제도에 따라 고정연장시간을 명시하고 그에 따른 고정연장수당을 지급한 경우에는 원칙적으로 통상임금에 해당하지 않는다고 보아야 할 것입니다. 그러나 연장근로시간을 명시하지 않고 고정연장수당 금액만을 명시하여 별도의 조건없이 매월 지급하는 경우에는 통상임금에 해당될 가능성이 매우 높습니다.

만근수당은 통상임금에 포함되나요?

사례

Q 기본급이 너무 높아서 만근수당을 지급하려고 합니다. 한 달 만근하면 시급하는 것으로 하고 병가나 개인적 사유로 결근 시에는 미지급하려고 합니다.

이렇게 하면 통상임금에 포함되나요?

A 대법원 전원합의체 판결(대법 2012다89399, 2013. 12. 16.)에 따르면 임의의 날에 근로자가 소정근로를 제공하더라도 추가적인 조건을 충족하여야 지급되는 임금이나 조건 충족 여부에 따라 지급액이 변동되는 임금은 고정성 결여로 통상임금에 해당하지 않게 되는 것입니다.

판례 및 행정해석 ⊘

- "매월 임금지급 시 해당 월의 출근성적에 따라 차등으로 만근수당을 지급하고 있다면 이는 소정의 근로에 대하여 일률적으로 지급하는 임금 또는 수당이 아니라 할 것이며, 따라서 최저임금의 적용을 위한 임금에 산입되는 임금으로 보기 어렵다고 사료됨." (임금정책과-3207, 2004. 08. 27.)

- "승무원 임금협정에서 정하는 바에 따라 승무원들 중 해당 월에 13일 이상을 승무(만근)한 근로자만을 대상으로 하여, 그 중 6개월을 초과하여 근무한 자에게는 매월 330,000원의

상여금을, 1년 이상 계속 근무한 자에게는 1년당 10,000원씩을 가산한 근속수당을 지급한 경우, 위 상여금과 근속수당은 그 지급 여부가 실제 근무성적에 따라 좌우되어 고정적 임금이라고 할 수 없으므로 통상임금에 해당하지 않는다." (대법 2013다10017, 2014.08.20.)

명절 상여, 휴가비가
통상임금에 포함되나요?

사례

Q 명절을 며칠 앞두고 입사한 직원에게 명절비로 전직원 정액(소액)을 지급하면 통상임금에 해당하는지요? 명절상여비와 휴가비가 통상임금에 포함되지 않는 조건이 어떻게 되는지요?

　명절 며칠 전 입사한 직원에게도 전직원 정액으로 명절상여금으로 동일하게 지급하는 경우, 지급하지 않는 경우와 일수에 비례하여 지급하는 경우에 통상임금으로 보아야 하는 조건이 될 수 있는지요?

A 다음의 판례를 참조하기 바라며, 다만, 근무일수에 비례하여 일할계산하여 지급하는 경우라면 통상임금에 포함될 수 있습니다.

판례 ☑

- "명절휴가비에 관하여 해당 명절일 기준으로 30일 이상 근무를 하여야 하는 조건이 있는 바, 근로자가 소정근로를 제공하더라도 위와 같은 추가적인 조건을 충족하여야만 지급을 받을 수 있는 임금으로 통상임금에 필요한 '고정성'을 갖춘 것이라 할 수 없어 통상임금에 해당하지 않는다." (대법 2015다14075, 2016.03.24.)

- "명절휴가비는 설날과 추석에 지급되는데, 설날과 추석에 재직 중인 근로자에게만 지급되

는 것이 아니라 근무일수에 비례하여 일할계산하여 지급되었으므로 명절휴가비 역시 소정근로의 대가로서 고정적으로 지급된 통상임금에 해당된다." (대법 2015다219665, 2016.10.13.)

"…회사는 2008년부터 2015년까지의 기능직 근로자 퇴사자 124명 중 지급일에 재직하지 않은 직원들에게는 상여금을 지급하지 아니하는 등…

이 사건 상여금은 지급기준일에 재직 중인 근로자에게 지급하는 임금으로서 소정근로에 대한 대가의 성질을 가지는 것이라고 보기 어려울 뿐 아니라 근로자가 임의의 날에 연장·야간·휴일 근로를 제공하는 시점에서 그 지급조건이 성취될지 여부도 불확실하므로 통상임금에서 요구되는 고정성이 결여되었다고 볼 수 있고, 따라서 통상임금에 포함된다고 할 수 없다." (대법 2017다232020, 2017.09.26.)

"명절휴가비가 지급일 당시 근로자가 재직 중일 것을 지급요건으로 하는 고정성을 결여한 임금으로서 통상임금에 포함되지 않는다." (대법 2015다200555, 2019.02.28.)

수습사원 급여 90% 지급 시에 통상임금 기준은?

Q 당사는 수습직원을 운용하고 있습니다. 계약서에 기본급이 200만원일 경우 3개월 수습기간 180만원을 지급한다고 했을 때 수습기간 중에 연장수당 계산은 200만원 기준인지, 아니면 180만원 기준으로 계산해야 하는지요?

A 연장수당은 실제 지급된 통상임금을 기준으로 계산하므로 수습기간에는 감액된 기준(급여의 90%)으로 책정하는 것입니다.

교통비를 어떻게 처리해야 통상임금에서 제외할 수 있나요?

사례

Q 교통비는 일부 해당 직무를 수행하는 직원에 대해 10만원~20만원까지 차등해서 지급하고 있습니다.

교통비가 통상임금에 해당하지 않기 위한 방법이 있을까요?

A 통상임금에 속하는지 여부는 그 임금이 소정근로의 대가로 근로자에게 지급되는 금품으로서 정기적·일률적·고정적으로 지급되는 것인지를 기준으로 객관적인 성질에 따라 판단하여야 하고, 임금의 명칭이나 지급주기의 장단 등 형식적 기준에 의해 정하는 것이 아닙니다.

대법원 전원합의체(대법 2012다89399, 2013. 12. 16.)가 제시한 위의 3가지 특성을 가지고 통상임금 여부를 판단하여야 합니다.

판례 ✓

- "교통비는 실제 근무일수에 따라 그 지급액이 달라지기는 하지만 소정근로를 제공하기만 하면 일정액을 지급받을 것이 확정되어 있는 고정적 임금으로 통상임금에 해당한다." (대법 2013다10017, 2014. 08. 20.).

- "월 도중 퇴사자에 대하여 해당 월의 전액을 지급한 … 교통보조비에는 근로일수에 비례하

여 일할 계산된 부분과 이를 초과하여 지급된 부분이 포함되어 있는 것인데, 위와 같은 초과분이 지급되었다는 사정만으로 종전까지 지급한 위 수당들과 일할 계산된 부분의 성격이 달라지는 것은 아니므로 이러한 사정은 위 수당들의 통상 임금성을 인정하는 데 방해되지 않는다." (대법 2015다75179, 2019.05.10.)

- "교통보조비가 지급되는 경우 교통지원비를 지급하지 않는 등 중복 지급을 하지 않는 것으로 볼 때 동일한 성격의 금원인 점, 근로자들의 업무특성상 보험상품을 판매하는 영업활동이 어느 정도 포함되어 있고, 교통비는 그러한 업무수행 과정에서 필요한 비용인 점, 이 사건 교통지원금은 실제 출근하여 영업활동의 가능성이 있는 사원들만을 지급대상으로 하고 있는 점, 취약지역 근무자의 경우 직급에 따른 교통지원비에 추가로 교통지원비를 더 지급하는 점, 원거리의 경우 현 연고지 주민등록등본을 첨부하여 신청하여야 하는 점, 교통보조비는 결근 1일당 10%를 삭감하고, 5일 이상 결근시에는 아예 지급받지 못하게 되어 있는 점 등에 비추어 볼 때, 이 사건 교통지원금은 근로제공과 관련 없이 개별근로자의 특수하고 우연한 사정에 의하여 지급여부, 지급금액 등이 좌우되므로, 근로의 대상인 임금이라기 보다는 실비변상적 성격에 더 가까운 금원이라 할 것이므로 통상임금 및 평균임금에 해당한다고 할 수 없다." (서울중앙지법 2014가합22487, 2014.09.19.)

- "교통보조비의 지급대상은 실제 근무 중인 '서울시, 인천시, 경기도 내에 거주하는 가족 중 직원이 아닌 배우자, 직계존비속, 미혼의 형제자매로서 만 13세 이상 65세 미만인 가족' … 교통보조비는 소정근로의 가치평가와 무관한 사항을 조건으로 하여 지급되는 것으로서, 그 조건에 해당하는 모든 근로자에게 지급되었다 하더라도 통상임금의 일률성에서 말하는 일정한 조건 또는 기준에 따른 것이라 할 수 없어 일률성을 인정할 수 없으므로 통상임금에 속한다고 볼 수 없다." (서울중앙지법 2012가합87787, 2016.01.29.)

직책수당 및 직무수당은 통상임금에 포함되는지요?

사례

Q 당사는 1개월간 절반 이상 출근한 직원에게 직책수당 및 직무수당을 지급하되, 중도 퇴사한 직원에게는 지급하지 않습니다. 이 경우 통상임금에 포함되는지요?

A 구체적인 사실관계가 불분명하여 명확한 답변은 어려우나 행정해석 및 판례를 통해 유사한 사례를 살펴보면 다음과 같습니다.

판례 및 행정해석 ✓

- "담당업무나 직책의 경중 등에 따라 미리 정하여진 지급조건에 의해 1임금 산정기간 내의 소정근로시간 또는 법정근로시간에 대하여 정기적·일률적으로 지급되는 임금 및 수당(직책·직무수당 등)은 통상임금의 범위에 포함되는 것임." (임금 68207-735, 2002.10.08.; 임금 68207-730, 2002.10.04.)

- "안전관리자로 선임·등록된 직원에게 매월 3만원의 안전관리 직무수당을 지급한 사실을 인정할 수 있으므로 안전관리 직무수당은 '안전관리자'라는 고정적인 조건을 충족하고 있는 근로자가 소정근로를 제공하기만 하면 근무성과와 무관하게 그 지급이 확정된 것이라고 볼 수 있어 정기적·일률적으로 지급되는 고정적인 임금인 통상임금에 해당한다고 봄이 타당하다." (대구고법 2015나305, 2015.10.21.)

■ "…점장 및 슈퍼바이저에게만 지급한 직책수당 …

직책수당은 판매실적, 직원근태 등 5가지 평가항목에 따라 점장 등을 매월 평가하고, 평가점수에 따라 다음 임금지급일에 직책수당을 지급 …

직책수당이 직책의 경중 등에 따라 미리 정하여진 지급조건에 의해 지급되는 것이 아니라 매월 판매실적 등 평가결과에 따라 그 지급액이 달라지는 경우라면 통상임금으로 보기는 어려울 것으로 사료됨." (근로개선정책과-3555, 2011.10.12.)

시간급 통상임금은
어떤 방식으로 구하나요?

Q 당사는 상여금, 반장수당, 근속수당, 교육보조비, 식대보조비, 식대, 교통비, 목욕비(이하 '고정수당'이라 칭함)를 지급하고 있습니다. 고정수당은 통상임금에 해당한다는 자문을 받았습니다.

연장·야간·휴일근로, 연차수당을 산정해야 하는데 시간급 통상임금 방식이 어떻게 되나요?

A
- 시간급 통상임금 (서울고법 2016나2135, 2017.05.31.)
  - = 월급 금액으로 정한 임금 ÷ (주의 통상임금 산정 기준시간 수 × 1년 동안의 평균 주수 ÷ 12)
  - = 월급 금액으로 정한 임금 ÷ [(40시간 + 8시간) × 365일 / 7일 ÷ 12]
  - = 월급 금액으로 정한 임금 ÷ 208.57(= 209)

예를 들어 기본급에 주휴수당을 포함하여 지급한 기간의 경우 월급 금액으로 정한 임금이 '기본급 + 고정수당(통상임금)'이 되고, 이를 208.57(= 209)로 나누면 시간급 통상임금이 됩니다.

통상임금 계산이 어떻게 되나요?

Q 당사는 기본급 200만원, 식대 10만원, 명절수당 100%, 배우자수당 5만원을 시급하고 있습니다. 주 5일 근무이며, 1일 8시간 근무하고 있습니다.

연장수당을 산정하려는데 시급이 얼마인가요?

A ▪ 배우자수당

고용노동부 행정해석(지침)은 모든 근로자에게 기본금액을 가족수당 명목으로 지급하면서 실제 부양가족이 있는 근로자에게는 일정액을 추가적으로 지급하는 경우 그 기본금액은 소정근로에 대한 대가가 아니므로 통상임금에 포함시키고 있습니다. (근로개선정책과-3767, 2014.07.04.)

판례 및 행정해석 ✓

▪ "부양가족이 있는 자들에게 그 부양가족의 수에 따라 가족수당을 지급해 왔고, 피고는 기지급한 각종 수당을 산정할 때 가족수당을 포함하여 계산한 시간급 통상임금을 기준으로 하였는바, 가족수당은 소정근로의 가치평가와 무관한 부양가족의 유무 및 그 숫자 등을 지급조건 및 지급기준으로 하고 있으므로, 근로의 대가라 보기 어렵고 일률성도 갖추지 못하였다." (서울중앙지법 2014가합506176, 2017.10.20.)

- "모든 근로자에게 기본금액을 가족수당 명목으로 지급하면서 실제 부양가족이 있는 근로자에게는 일정액을 추가적으로 지급하는 경우 그 기본금액은 소정근로에 대한 대가에 다름 아니므로 통상임금에 속한다." (대법 2012다89399, 2013.12.18.)

- "부양가족이 있는 경우에는 4인을 초과하지 않는 범위 내에서 부양가족 1인당 금 1만원씩의 가족수당을 지급하는 이 사건에 있어서 가족수당은 근로의 양이나 질에 무관한 요인에 따라 근로자의 일부에 대하여 지급되는 것으로서 통상임금의 범위에 포함시킬 수 없다." (대법 2003다30777, 2003.10.09.)

- "가족수당이 해당 근로자에게만 또는 그 가족 수에 따라 차등지급하는 경우라면 이는 근로의 대가와는 관계없이 근로자의 생활보조적·복리후생적 성격으로 지급되는 금품으로 보아야 할 것이므로 근로기준법의 규정에 의한 임금의 범위에 포함되지 않음." (임금 68207-735, 2002.10.08.)

- 명절수당

명절수당의 경우 해당 시점에 재직자에게만 지급하는 경우와 퇴직자에게도 일할 계산 지급하는 경우로 구분해서 전자는 통상임금에 포함되지 않지만 후자의 경우 통상임금에 포함됩니다.

판례 ⊘

- "단체협약에 따라 근로자들에게 짝수 달과 설·추석에 기본급과 수당의 100%씩 합계 연 800%의 상여금을 지급 … 기능직 근로자 퇴사자 중 지급일에 재직하지 않은 직원들에게는 상여금을 지급하지 아니하는 등 이 사건 상여금은 지급일에 근로자가 재직할 것을 요건으로 두고 있는 점 등이 인정되는바, 이 사건 상여금은 지급기준일에 재직 중인 근로자에게 지급하는 임금으로서 소정근로에 대한 대가의 성질을 가지는 것이라고 보기 어려울 뿐 아니라 근로자가 임의의 날에 연장·야간·휴일근로를 제공하는 시점에서 그 지급조건이 성취될지 여부도 불확실하므로, 통상임금에서 요구되는 고정성이 결여되었다고 볼 수 있고, 따라서 통상임금에 포함된다고 할 수 없다." (대법 2017다232020, 2017.09.26.)

따라서 구체적인 사실관계를 알 수 없는 명절수당과 배우자수당을 제외하고 식대는 정기적·일률적·고정적으로 전직원에게 지급하는 것은 통상임금에 해당되어 기본급과 식대를 가지고 통상시급을 산정하면 되는 것입니다.

생산장려수당이 통상임금에 해당하나요?

사례
Q 시급직 근무자 중 1명만 생산장려수당을 지급하면 연장근무수당 산정 시 통상시급을 올려 주어야 하나요?

A 위 질의의 경우 구체적인 사실관계를 알 수 없어 판단이 어려우나, 생산기술과 능률을 향상시킬 목적으로 근무성적에 관계없이 매월 일정한 금액을 일률적으로 지급하는 경우라면 통상임금에 해당합니다.

판례 ✓

- "생산장려수당이 정기적, 일률적으로 지급되는 고정적인 것이 아니라 실제의 근무실적이나 성과에 따라 지급하는 것이라면 이에 따라 지급 여부 및 지급액이 달라지기 때문에 통상임금에 해당하지 않는다." (대법 95다19256, 1996.05.14.)

- "생산장려수당은 소정근로를 제공하기만 하면 그 지급이 확정된 것이라고 볼 수 있어 정기적·일률적으로 지급되는 고정적인 임금인 통상임금에 해당한다." (대전고법 2014나 13769·13790·13776·13783, 2016.01.14.)

- "생산직 근로자들은 단체협약에 따라 소정의 근로를 제공하기만 하면 … 생산장려수당 월 10,000원은 소정근로의 대가라고 할 것이다." (광주고법 2016나10826, 2017.08.18.)

연 2회 지급하는 상여금을 매월 지급하려고 합니다. 통상임금인가요?

Q 설 명절 상여금을 기본급의 100%씩 연간 2회 지급해오는 것을 기본급의 200%를 연간 12개월로 나눠서 급여에 상여금 항목으로 구분해서 급여를 지급하려고 합니다.

명절 기간 한꺼번에 비용을 지출하기에 회사가 부담이 돼서 변경하려고 합니다.

2개월로 일정하게 상여금을 지급하면 통상임금에 해당하는지요? 통상임금에 해당하면 시급계산은 어떤 방법은 해야 하는지요?

A 통상임금은 연장·야간·휴일 근로에 대한 가산임금 및 해고예고수당, 연차휴가수당 등 법정수당을 산정하는 기초임금이 됩니다.

위 질의의 경우 매월 고정적으로 지급한다면 정기적·일률적·고정적으로 지급되는 임금에 해당하여 통상임금에 해당합니다.

> **판례** ✓
>
> ▪ "정기상여금은 원고들을 비롯한 기능직 근로자가 임의의 날에 소정근로를 제공하면 추가적인 조건의 충족 여부와 관계없이 당연히 지급될 것이 예정된 임금으로서, 제공한 근로에 대하여 그 업적, 성과 기타의 추가적인 조건과 관계없이 그 지급 여부나 지급액이 사전에 확정되어 있으므로 고정성을 갖추었다고 할 수 있다.

따라서 이 사건 정기상여금은 일정 기간을 단위로 주기적으로 지급되고, 동일한 근로를 제공하는 근로자들에게 일률적으로 지급되며, 통상적으로 근로를 제공하면 고정적으로 지급하기로 되어 있으므로, 정기적·일률적·고정적으로 지급되는 임금으로서 소정근로의 대가인 통상임금에 해당한다고 볼 수 있다." (대법 2016다10131, 2018.12.27.)

- "상여금은 지급기준일에 재직 중인 근로자에게 지급하는 임금으로서 소정근로에 대한 대가의 성질을 가지는 것이라고 보기 어려울 뿐 아니라 근로자가 임의의 날에 연장·야간·휴일근로를 제공하는 시점에서 그 지급조건이 성취될지 여부도 불확실하므로, 통상임금에서 요구되는 고정성이 결여되었다고 볼 수 있고, 따라서 통상임금에 포함된다고 할 수 없다." (대법 2017다232020, 2017.09.26.)

- "2개월의 기준기간 중 15일 이상 근무한 근로자에게만 지급한 정기상여금과 특정일 현재 재직하고 있는 근로자에게만 지급한 특별상여금은 고정성이 결여되어 통상임금에 포함되지 않는다." (대법 2016다212166, 2019.05.16.)

지급일 기준 재직자 기준과 통상임금 포함 여부는?

사례

Q 당사는 상여금을 매달 급여일에 지급하고 있습니다. 지급 조건에 급여지급일 재직자에 한해 지급하고 있으며, 퇴사 시 일할계산은 하지 않고 있습니다.

통상임금에 포함이 되나요?

A 최근 상여금 지급에 관하여 '재직자 요건'이 있어도 그러한 조건은 무효이며 통상임금에 해당한다는 2심(고등법원) 판례가 나와 있습니다. 이는 기존 대법원 판례와 배치되며 현재 대법원의 상고심이 진행 중에 있어 이러한 결론이 최종 유지될지는 미지수이고 통상임금의 고정성 판단에 일률적으로 적용하기는 어려우며 지급요건 및 지급방식, 관행 등에 따라 판단해야 합니다.

판례 ✓

○ 재직자 요건 불인정(통상임금 인정)

▪ "대법원 전원합의체 판결을 토대로 결국 고정성 판단의 핵심은 근로자가 연장근로 등을 제공하려는 임의의 날에 해당 임금의 지급 여부 및 지급금액이 확정되어 있는지 여부이므로, 단순히 어떤 임금 항목에 지급일 현재 재직 중일 것 것이라는 요건이 부가되어 있다는 이유만으로 다른 사정들은 더 이상 볼 것도 없이 곧바로 그 임금은 고정성이 탈락되어 통상임금

에 해당하지 않는다고 판단할 것은 아니다." (서울중앙지법 2014가합33868, 2016.03.31.)

- "고정적 금액이 계속적·정기적으로 지급되는 형태의 정기상여금은 임금, 즉 근로의 대가에 해당하고, 그 지급기준이 수개월 단위인 경우에도 이는 근로의 대가를 수개월간 누적하여 후불하는 것에 불과하다. 그러므로 정기상여금의 지급일 이전에 퇴직하는 근로자도 퇴직 전에 자신이 실제로 제공한 근로에 상응하는 정기상여금에 대하여는 근로의 대가이며, 사용자가 정기상여금에 일방적으로 재직자 조건을 부가하여 지급일 전에 퇴직하는 근로자에 대하여 이미 제공한 근로에 상응하는 부분까지도 지급하지 아니하는 것은 기발생 임금에 대한 일방적인 부지급을 선언하는 것으로서 그 유효성을 인정할 수 없다. 나아가 유효한 취업규칙이나 개별적 근로계약 등에 재직자 조건이 규정된 경우에도 이미 제공한 근로에 상응하는 부분을 지급하지 아니하는 범위에서는 근로제공의 대가로 지급받아야 할 임금을 사전에 포기하게 하는 것으로서 무효이다.
고정급 형태의 정기상여금이고, 급여규정에 있는 재직자 조건에 따라 지급일 전에 퇴직하는 근로자에 대하여는 이미 제공한 근로에 상응하는 부분도 지급하지 아니하여 온 바, 정기상여금에 부가된 재직자 조건은 무효이고, 재직자 조건이 무효인 이상 정기상여금은 소정근로를 제공하기만 하면 그 지급이 확정된 것으로서 정기적·일률적으로 지급되는 고정적인 임금이 되어 통상임금에 해당한다." (서울고법 2017나2025282, 2018.12.18.)

○ 재직자 요건 인정(통상임금 불인정)

- "상여금은 지급일 현재 재직하고 있는 근로자에게만 지급되고 근로자가 근로를 제공하더라도 지급일 전에 퇴직하면 당해 임금을 전혀 지급받지 못하므로 소정근로에 대한 대가의 성질을 가지는 것이라고 보기 어려울 뿐 아니라 고정성도 인정되지 않아 통상임금에 해당하지 않는다." (대법 2016나238120, 2017.09.26.)

세탁비가 통상임금에 포함되나요?

사례

Q 당사는 지방에 사업장이 있으며, 서울사무소는 마케팅 업무만 담당합니다.

마케팅 부서 직원에게는 세탁비 명목으로 월말 기준으로 재직 중이면 전액 지급하고, 그렇지 않으면 지급하지 않고 있습니다. 통상임금에 해당하나요?

A 세탁비가 실비변상적인 금품에 해당하면 임금이 아니므로 당연히 통상임금에도 포함되지 않습니다(먼저 임금인지 여부를 판단하고 나서 통상임금인지 판단). 구체적인 사정을 알 수 없으나 명목상 특정 부서에만 지급되고 월말 재직 기준으로 지급된다면 통상임금에 포함되지 않을 것입니다.

신규 수당을 설계하려는데 통상임금에 해당하나요?

사례

Q 이번에 임금체계를 변경하면서 새로운 수당을 만들려고 합니다. 관리자 중에 일부만 선별해서 개인별로 차등을 두어 수당을 지급하려고 하는데, 여기서 관리자는 부서직원을 관리하고 조기의 경영성과를 달성하는 범위의 책임자를 말합니다.

이 경우 이 수당이 통상임금에 해당할까요?

A 기존 질의의 경우와 유사한 사례로 직책수당의 경우 통상임금에 해당하지만, 직책수당이 미리 정한 지급조건에 따라 지급되는 것이 아니라 매월 판매실적 등 평가 결과에 따라 그 지급액이 달라지는 경우라면 통상임금으로 보기 어렵습니다.

(근로개선정책과-3555, 2011.10.12.)

판례 ✓

■ 직책급은 작업 내용이나 기술, 경력 등과 같이 소정 근로의 가치 평가와 관련된 '직책'을 조건으로 지급되는 것으로 그 '직책'은 근로자가 연장·야간·휴일근로를 제공하는 시점에 이미 확정되어 있다. 따라서 이는 소정근로의 대가로서 정기적·일률적·고정적으로 지급되는 것으로 통상임금에 해당한다. (서울중앙지법 2013가합546054, 2015.06.05.)

복지포인트는 통상임금에 해당하나요?

사례

Q 퇴직충당금을 계산하려고 하는데 선택적 복리비(복지포인트)가 급여에 포함하는지 궁금합니다.

A 다음의 판례를 참고하기 바랍니다.

> **판례** ✓
>
> ■ 사용자가 근로자에게 지급하는 금품이 임금에 해당하려면 먼저 그 금품이 근로의 대상으로 지급되는 것이어야 하므로 비록 그 금품이 계속적·정기적으로 지급된 것이라 하더라도 그 것이 근로의 대상으로 지급된 것으로 볼 수 없다면 임금에 해당한다고 할 수 없다. 여기서 어떤 금품이 근로의 대상으로 지급된 것이냐를 판단함에 있어서는 그 금품지급의무의 발생이 근로제공과 직접적으로 관련되거나 그것과 밀접하게 관련된 것으로 볼 수 있어야 한다. (대법 94다55934, 1995. 5. 12.; 2011다23149, 2011. 7. 14. 등 참조)
>
> ■ 사용자가 선택적 복지제도를 시행하면서 직원 전용 온라인 쇼핑사이트에서 물품을 구매하는 방식 등으로 사용할 수 있는 복지포인트를 단체협약, 취업규칙 등에 근거하여 근로자들에게 계속적·정기적으로 배정한 경우라고 하더라도, 이러한 복지포인트는 근로기준법에서 말하는 임금에 해당하지 않고, 그 결과 통상임금에도 해당하지 않는다. (대법 2016다48785, 2019. 8. 22.)

통상임금과 포괄임금의 차이는?

Q 당사는 연봉 3천만원인 경우 이 연봉에는 기본급과 제수당(직책수당 및 연장수당)이 포함되어 지급됩니다. 이 경우 포괄임금이 되는지, 아니면 통상임금이 되는지요?

A 다음의 판례를 참고하기 바랍니다.

판례 ✓

- 통상임금은 근로자가 소정근로시간에 통상적으로 제공하는 근로인 소정근로(도급근로자의 경우에는 총 근로)의 대가로 지급하기로 약정한 금품으로서 정기적·일률적·고정적으로 지급되는 임금을 말하고, 그 임금이 '1임금산정기간' 내에 지급되는 것인지 여부는 판단기준이 아니다. 따라서 어떠한 임금이 통상임금에 속하는지 여부는 그 임금이 소정근로의 대가로 근로자에게 지급되는 금품으로서 정기적·일률적·고정적으로 지급되는 것인지를 기준으로 그 객관적인 성질에 따라 판단하여야 하고, 임금의 명칭이나 그 지급주기의 장단 등 형식적 기준에 의해 정할 것이 아니다. (대법 2012다89399; 2012다94643; 2013.12.18.)

- 포괄임금은 근로기준법에는 없고 판례를 통해 정립된 개념으로 근로계약을 체결함에 있어 근로자에 대하여 기본임금을 결정하고 이를 기초로 제수당을 가산하여 지급함이 원칙이라 할 것이나 근로시간,근로형태와 업무의 성질 등을 참작하여 계산의 편의와 직원의 근무의 욕을 고취하는 뜻에서 기본임금을 미리 산정하지 아니한 채 제수당을 합한 금액을 월급여

액이나 일당임금으로 정하거나 매월 일정액을 제수당으로 지급하는 이른바 포괄임금제에 의한 임금지급계약을 말한다. (대법 2004다66995, 2006.04.28.)

02

평균임금

교통비가 평균임금에 해당하는지요?

Q 당사는 교통비를 근무일수에 따라 계산하여 지급합니다. 심야근무자에게는 거리 및 대중교통에 상관없이 지급하고 있습니다.

교통비가 평균임금에 들어가는지요?

A 출근일수와 무관하게 일률적으로 지급하는 경우에는 평균임금에 해당하며, 출근 일수에 따라 차등 지급하는 경우에는 그 지급금액도 변동적이므로 생활보조적, 복 리후생적 성격의 금품으로 보아 평균임금에 포함시키지 않습니다.

다만, 생활보조적, 복리후생적 성격의 금품이라 하더라도 단체협약 및 취업규칙 에 평균임금의 범위에 포함하기로 한 경우 그에 따르면 될 것입니다.

판례 및 재결례, 행정해석 ✓

- "원고 등에게 지급한 교통비는 근로의 제공과 관계없이 종업원들의 개별적이고, 우연한 특수한 사정에 따라 지급된 것이라고 보기는 어렵고, 일률적·정기적으로 지급된 것이라고 봄이 타당함(교통비의 경우 차량을 소유하지 않은 근로자들에게만 지급된 것이나 차량을 소유한 근로자들에게 자가운전보조비가 지급된 점에 비추어 보면, 후자의 경우에도 전자의 교통비의 범위 내에서는 일률적·정기적으로 교통비가 지급된 것으로 볼 수 있다.)." (광주지법 2002가단1180, 2003.04.18.)

- 전 근로자에게 정기적·일률적으로 지급하는 경우 평균임금에 포함되는바, 회사에서 근로자별로 근로자 거주지와 이용교통수단에 따라 근무일수에 비례하여 차등지급한 사실이 확인되므로 평균임금 산정을 위한 임금에 포함되지 않는다. (산심위2004-1201, 2004.11.23.)

- 교통비가 평균임금에 해당하기 위해서는 그 지급 목적이 근로자들의 열악한 임금 수준을 보전해주기 위한 목적으로 전 근로자에게 정기적·일률적으로 지급되어야 하며, 그 지급 의무의 발생이 단순히 생활 보조적·복리 후생적으로 지급되는 금품이거나 실비 변상적 또는 개별 근로자의 특수하고 우연한 사정에 의하여 좌우되는 경우에는 근로의 대상으로 지급된 임금으로 볼 수 없다 할 것이므로 구체적인 지급 실태 및 지급 관행 등을 종합적으로 살펴서 판단하여야 합니다. (근로조건지도과-1863, 2008.06.03.)

- 평균임금은 산정하여야 할 사유가 발생한 날 이전 3개월 동안에 그 근로자에게 지급된 임금의 총액을 그 기간의 총일수로 나눈 금액을 말하며, 평균임금이 통상임금보다 적은 경우에는 그 통상임금액을 평균임금으로 하여야 합니다.
  출근일수에 관계없이 일정금액을 전 근로자에게 정기적·일률적으로 지급하는 경우에는 '교통지원비는 퇴직금 정산시 포함되지 않는다.'라고 근로계약서에 명시하였다고 하더라도 해당 금액을 평균임금의 범위에 포함하여 퇴직금을 산정·지급하여야 합니다. (근로복지과-1767, 2012.05.25.)

성과배분금은 평균임금에 포함되나요?

사례

Q 성과 초과달성에 따른 이익금을 성과배분하는 차원에서 인센티브를 정기적 및 비일률적으로 지급하였다면 평균임금에 포함되나요?

A 근로기준법 제2조 규정에 의거 임금이라 함은 사용자가 근로의 대상으로 근로자에게 임금·봉급, 기타 어떠한 명칭으로든지 지급하는 일체의 금품을 말하는 것으로서, 성과급 등이 취업규칙 등에 지급조건·금액·지급시기가 정해져 있거나 전 근로자에게 관례적으로 지급하여 사회통념상 근로자가 당연히 지급받을 수 있다는 기대를 갖게 되는 경우라면 임금성을 인정할 수 있을 것입니다.

하지만 취업규칙 등에 이와 같이 근로조건 등으로 미리 명시함이 없이 노사합의 등의 방법을 통해 일정목표를 정해놓고, 이 목표에 도달할 경우 일정액 또는 일정비율의 성과급 등을 일정시기에 지급하기로 정한 경우라면 그 지급사유의 발생이 불확정적이고 일시적이므로 이를 임금으로 볼 수는 없을 것입니다.

판례 및 재결례, 행정해석 ✓

- 생산성장려금과 초과이익배분금 과 같이 단체협약·취업규칙 등에 미리 지급조건 등을 정하여 계속적·정기적으로 지급되는 것이 아니라 경영이익의 발생 및 CEO의 재량에 따라 지급

여부가 결정되는 등 그 지급사유가 불확정적인 경우라면 이는 개별 근로자의 근로의 대가와 무관하게 지급되는 것으로써 사용자에게 지급의무가 부과되는 근로기준법 상의 임금으로 보기는 어렵다. (근로기준정책과-6363, 2017.10.17.)

- "성과배분상여금은 급여규칙에 명시적 근거를 두고 있을 뿐만 아니라 거기에 지급사유와 지급시기를 사전에 정해 놓았으며, 그에 따라 정기적·계속적으로 지급되어 온 점에 비추어 임금에 해당한다." (대법 2011다42324, 2011.10.27.)

- "성과급은 그때그때 지급시점에서 내부품의 절차를 거쳐 경영성과를 분석한 자료를 토대로 그 지급여부를 검토·결정함으로써 그 지급사유가 일시적·불확정적인 금품으로 보임.
  따라서 성과급의 지급사유가 사용자의 재량이나 호의에 의한 것이므로 처음부터 사용자에게 그 지급의무가 부과되는 근로기준법상의 임금성을 갖는 것으로 볼 수 없을 것이며, 이의 지급기준이나 지급액이 다르다고 하여 이를 달리 해석할 것은 아니라고 봄이 타당하다고 사료됨." (임금정책과-588, 2005.02.05.)

- "성과배분상여금은 취업규칙이나 근로계약에 근로조건 등을 미리 명시함이 없이 매년 노사합의 방법을 통해 일정한 생산목표 등을 정해놓고 이 목표에 도달할 경우 일정액 또는 일정비율의 성과금을 지급한 경우로서 이는 매년 협상결과에 따라 지급조건과 금액을 달리할 수 있고, 지급하지 않을 수도 있는 일시적, 변동적 또는 불확정적 금품으로 보일 뿐 근로의 대상으로 지급된 임금으로 보기에는 객관적 근거가 미흡하다." (산심위 2004-1237, 2004.12.08.)

- "자산운용 결과 평균수익률을 초과하는 경우 그 초과이익의 일정비율을 성과급 형태로 지급하기로 정한 경우에 있어서 동 금품의 성격을 살펴보면 이는 개별 근로자의 업무성과를 높이기 위하여 본연의 업무와 관련된 특정업무를 부여한 후 그 결과에 따라 성과급을 지급하기로 내부적 기준을 정한 것에 불과한 것으로서, 그 형식이 사용자와 근로자 간에 임금 등 근로조건을 정한 근로계약이나 또는 사용자가 근로자와의 개개의 근로계약을 정형화하여 일반적인 규정으로 제정한 취업규칙의 형태라고는 볼 수 없고 성과급 지급조건의 충족 여부가 일정액의 자산을 운용한 결과 평균수익률을 초과하여야 하는 등 별도의 평가기준에 따라 비로소 결정되어지고, 그 평가결과에 따라서는 금액을 달리하게 되거나 또는 지급하지 않을 수도 있게 되는 등 그 지급사유의 발생이 불확정적이고 일시적인 것으로 보임.
  따라서 이와 같은 지급조건과 목적 등에 비추어볼 때에 자산운용 결과 초과수익의 발생 여부에 따라 지급이 결정되는 성과급을 기왕의 근로로 그 지급이 확정되어 사용자에게 지급 의무가 부과되는 근로기준법 제18조의 규정에 의한 임금으로 볼 수는 없는 것으로 봄이 타당하다고 사료됨." (임금 68207-78, 2002.02.05.)

영업사원 일비는 평균임금에 포함되나요?

사례

Q 당사에는 영업직원이 있습니다. 일당 고정 비용을 일비로 지급하고 있는데 직급 및 업무별로 차등 금액으로 휴가, 영업회의 등 내근하거나 영업활동이 없는 날은 지급하지 않습니다.

현재는 1달에 한 번 지급하고 있으며, 명목은 식대, 교통비, 영업활동비이며 실제 비슷하게 사용되고 있으나 별도의 영수증이나 증빙자료는 받고 있지 않습니다.

평균임금에 해당하나요?

A 근로기준법 제2조 규정에 의거 '임금'이라 함은 사용자가 근로의 대가로 근로자에게 임금, 봉급, 그 밖에 어떠한 명칭으로든지 지급하는 일체의 금품을 말하는 것으로, 사용자가 근로자에게 지급하는 금품이 임금에 해당하려면 ① 근로의 대상이 있고, ② 사용자에게 지급의무가 있는 금품이라는 요건을 충족하여야 합니다.

다만, 지급의무의 발생이 단순히 생활보조적, 복리후생적으로 지급되는 금품이거나 실비변상으로 지급되는 금품인 경우 또는 개별 근로자의 특수하고 우연한 사정에 의하여 좌우되는 경우에는 근로의 대가로 지급된 임금으로 볼 수 없을 것입니다.

- "위 일비 중 장갑 및 음료수 대신 지급하는 금품이 근무자에 한하여 지급된 것이라면 실비 변상적 금품에 해당된다고 보여지며, 차량관리기(CCTV)가 설치된 차량을 운행한 근로자에게 지급하는 금품은 그 지급목적이 단순히 운송수입금 누수를 예방하기 위한 것이고, 차량 관리기 부착 여부에 따라 지급이 결정되는 경우라면 근로의 대상으로 볼 수 없어 평균임금 산정기초에 포함된다고 보기는 어렵다. 다만, 차량관리기 부착 여부와 관계없이 근로의 대상으로 사용자에게 지급의무가 부여되어 있고, 전 근로자에게 정기적·계속적으로 지급하는 경우라면 평균임금 산정기초에 포함될 수 있다." (근로기준과-1042, 2010.05.14.)

- "야간 운전기사에게만 지급한 일비가 근로기준법상 임금에 해당하는 지에 관하여 살펴보면
  ① 일비는 영수증 등의 확인절차 없이 매 근무일에 대하여 고정된 금액으로 자동 지급되는 금품일 뿐 아니라, 운전기사가 하루 지출하는 비용이 평일인지 토요일인지에 따라 큰 차이가 있다고 볼 수 없는데도 액수에서 큰 차등을 두고 있고, 주간 운전기사들도 지출하는 통행료를 야간 운전기사에 대해서만 보정하고 있는 점에 비추어 일비의 상당한 부분을 그 실질이 주말근무나 야간근로에 대한 대가의 성격을 지닌다고 보아야 하는 점,
  ② 일비를 구성하는 세부항목과 그 계산방법이 구체적으로 정해져 있지 않아 전체 일비 중 주말 또는 야간근로의 대가에 해당하는 부분만을 따로 산정하기 불가능한 이 사건에 있어서는 일비 전체에 대하여 근로의 대가로 보는 것이 합당한 점,
  ③ 운전기사 지출한 고속도로 통행료, 식비, 택시비 등에 대하여 사후에 실비정산을 하는 것이 업무처리상 불가능하거나 현저히 곤란하다고 볼 수 없는데도 이 사건 회사는 고정된 금액을 지급해온 점,
  원고가 지급받은 일비는 실비변상이 아니라 근로의 대가로서 근로기준법상 임금에 해당한다." (서울행법 2013구단56204, 2014.06.13.)

육아휴직 후 퇴직자의 평균임금 산정 방법은?

사례

Q 당사에 육아휴직 후 퇴사하는 직원이 있는데 육아휴직 시작일 이전으로 평균임금을 계산해야 하는지, 아니면 퇴직시점을 기준으로 해야 하는지요?

A 근로기준법 제2조 제1항 6호 '평균임금'이란 이를 산정하여야 할 사유가 발생한 날 이전 3개월 동안에 그 근로자에게 지급된 임금의 총액을 그 기간의 총일수로 나눈 금액을 말합니다. 근로자가 취업한 후 3개월 미만인 경우도 이에 준합니다.

■ 육아휴직 후 1개월 반을 근무하고 퇴직한 경우

근로자가 육아휴직 후 1개월 반만 근무하고 회사를 퇴직하였을 경우 퇴직금 계산을 위한 평균임금 산정은 실제 근로를 제공한 1개월 반 동안의 임금을 그 기간의 일수로 나누어 산정하는 것이 타당할 것입니다. (부소 68247-112, 1993.04.10.)

■ 퇴직 이전 3개월이 육아휴직기간인 경우

육아휴직 기간이 3개월 이상인 경우 해당 기간을 제외한 나머지 일수와 임금을 대상으로 합니다. 휴직 첫날을 평균임금 산정사유 발생일로 보아 이전 3개월을 대상으로 평균임금을 산정하게 됩니다.

육아휴직기간 중 퇴직하는 경우 평균임금 산정 방법은?

사례

Q
- 2016.07.01. ~ 2017.06.30.까지 무급육아휴직
- 2015년 10월과 12월에 성과금 수령 및 2017년 1월에 명절 보너스 수령

이 경우 육아휴직 종료(2017.06.30.) 이전에 퇴직하는 경우 퇴직금 산정 방법은 어떻게 하는지요?

A 근로자퇴직급여보장법 제8조 제1항에 따라 퇴직금은 계속근로기간 1년에 대하여 30일분 이상의 평균임금으로 지급하여야 하며,

이때, 평균임금은 근로기준법 시행령 제2조에 따라 산정 사유일, 즉 퇴직일 직전 3개월 동안 지급받은 임금총액으로 산정하며, "지급된 임금총액"이란 실제로 지급된 임금뿐만 아니라 평균임금의 산정사유가 발생한 날을 기준으로 하여 당연히 지급되어야 할 임금 중 지급되지 아니한 임금을 포함하여 산정합니다.

그런데 평균임금 산정대상 기간에 육아휴직기간이 포함되어 있다면, 육아휴직기간과 그 기간중에 지급된 임금은 제외하여 산정하여야 합니다.

따라서 육아휴직기간 중 지급된 성과급 및 명절상여금(임금인 경우)은 평균임금 산정시 제외하고 육아휴직 직전 3개월간 임금총액으로 산정하여야 할 것입니다. (퇴직연금복지과-727, 2017.02.13.)

입사일자가 며칠 안 되는 경우
1일 평균임금 산정 방법은?

사례

Q 회사 사정으로 휴업을 하면서 휴업수당 지급을 검토 중에 있습니다.

그런데 입사일자가 얼마 안 되는(1개월 하고 10일) 직원이 있는데 여름휴가비, 명절
상여금 등을 받지 않아서 평균임금 산출을 어떻게 해야 하는지요?

A 근로기준법 제2조에 '평균임금이란 이를 산정하여야 할 사유가 발생한 날 이전
3개월 동안에 그 근로자에게 지급된 임금의 총액을 그 기간의 총일수로 나눈 금액
을 말한다. 근로자가 취업한 후 3개월 미만인 경우도 이에 준한다.'라고 하였습니다.

업무상 부상으로 요양 중인 근로자가
퇴직 시 평균임금 산정 방법은?

사례

Q 회사에 산업재해로 6개월 요양 중인 근로자가 있습니다. 최근에 퇴직을 하게 되었는데 퇴직금 지급을 위한 평균임금을 어떻게 산정해야 하는지요?

A 근로자퇴직급여보장법 제8조 제1항에 따라 사용자는 퇴직근로자에게 계속근로기간 1년에 대하여 30일분 이상의 평균임금을 퇴직금으로 지급하여야 합니다.

계속근로기간이라 함은 근로계약 체결 시부터 해지할 때까지의 기간을 말하는 것으로 근로기준법 제78조에 따른 업무상 부상 또는 질병으로 인한 요양기간도 퇴직금 지급을 위한 계속근로기간에 포함됩니다. (근기01254-5206, 1987.03.31. 참조)

> **관련 법규** ✓
>
> ▪ 근로기준법 시행령 제2조(평균임금의 계산에서 제외되는 기간과 임금) ① 「근로기준법」(이하 "법"이라 한다) 제2조 제1항 제6호에 따른 평균임금 산정기간 중에 다음 각 호의 어느 하나에 해당하는 기간이 있는 경우에는 그 기간과 그 기간 중에 지급된 임금은 평균임금 산정기준이 되는 기간과 임금의 총액에서 각각 뺀다.
>
> 4. 법 제78조에 따라 업무상 부상 또는 질병으로 요양하기 위하여 휴업한 기간

일용직 근로자의 평균임금 산정 방법은?

Q 일용직으로 주말에 판매하는 사원이 있는데 퇴사로 인해 퇴직금 지급을 하려고 합니다.

평균임금 산정은 어떻게 해야 하는지요?

A 근로자퇴직급여보장법 제4조 및 제8조에 따라 사용자는 사업장에서 4주간 평균하여 1주간의 소정근로시간이 15시간 이상이고, 1년 이상 계속근로하고 퇴직하는 근로자에게 계속근로기간 1년에 대하여 30일분 이상의 평균임금을 퇴직금으로 지급하여야 합니다.

행정해석 ✓

- 평균임금은 근로기준법 제2조 제1항 6호에 따라 이를 산정하여야 할 사유가 발생한 날 이전 3개월 동안에 그 근로자에게 지급된 임금의 총액을 그 기간의 총일수로 나눈 금액을 말하고, 같은 조 제2항에서는 제1항 제6호에 따라 산출된 금액이 그 근로자의 통상임금보다 적으면 그 통상임금액을 평균임금으로 한다고 규정하였습니다. (퇴직연금복지과-2405, 2015.07.21.)

- 아울러, 근로자퇴직급여보장법은 퇴직금 지급을 위한 최저한의 기준을 정한 것이므로, 국

국교통부장관이 정하는 표준품셈을 기준으로 산정한 퇴직급여액이 근로자퇴직급여보장법에 따라 산정한 퇴직급여액에 미달되지 않는 경우 법령 위반이 아님. (퇴직연금복지과-3091, 2018.07.31.)

차량유지비가 평균임금에 해당하는지요?

Q 실제 차량 소유자 직원에게 출·퇴근 기름 값으로 차량유지비를 고정적, 정기적으로 지급하면 평균임금에 해당하는지요?

A 다음의 행정해석과 판례를 참조하기 바랍니다.

> **판례 및 행정해석** ⊘
>
> ■ 자가운전차량운전비는 일정 직급 이상의 자기 차량을 보유하여 운전하는 근로자에 한하여 지급되고 있는 것으로 업무수행에 따른 실비변상적인 금품으로 보여지는바, 임금에 해당된다고 보기 어려울 것임. (근로조건지도과-205, 2008.03.11.)
>
> ■ "차량보유 여부와 무관하게 과장급 이상의 전 직원에게 일률적으로 차량유지비를 지급하여 온 사실(과장 매월 20만원, 차장급 매월 30만원 정액) ⋯ 차량유지비는 일정 직급 이상의 전직원에 대하여 일률적으로 지급된 것으로서 이는 근로의 대상으로 지급된 것으로 볼 수 있다할 것이므로, 결국 퇴직금 산정의 기초가 되는 평균임금에도 포함되어야 할 것이다." (서울중앙지법 2005가합8137, 2005.09.23.)
>
> ■ "근로자가 특수한 근로조건이나 환경에서 직무를 수행하게 됨으로 말미암아 추가로 소요되는 비용을 변상하기 위하여 지급되는 이른바 실비변상적 급여는 근로의 대상으로 지급되

는 것으로 볼 수 없기 때문에 … 차량유지비의 경우 그것이 전 직원에 대하여 또는 일정한 지급을 기준으로 일률적으로 지급되었다면 근로의 대상으로 지급된 것으로 볼 수 있다고 할 것이나 차량 보유를 조건으로 지급되었거나 직원들 개인 소유의 차량을 업무용으로 사용하는데 필요한 비용을 보조하기 위해 지급된 것이라면 실비변상적인 것으로서 근로의 대상으로 지급된 것으로 볼 수 없다." (대법 96다33037,33044, 1997.10.24.)

평균임금 산정 시
전월 미지급금 지급 시 포함해야 하는지요?

사례

Q 12월 31일자 퇴사자가 있습니다. 9월 잔업수당을 지급하지 못해서 10월분 급여에 전월 미지급 수당으로 해서 반영해서 지급할 경우 퇴직금 평균임금 산정 시 10월 급여에 반영된 9월 잔업수당을 포함해야 하나요?

A 9월분 급여에 지급해야 하는 수당으로 3개월 평균임금 산정시 제외해야 합니다.

퇴직할 경우 미사용한 대체휴일을 퇴직금 평균임금에 포함해야 하는지요?

Q 당사는 휴일근무를 대체휴일로 진행하였습니다. 그럼에도 불구하고 미사용한 대체휴일에 대해서는 퇴직 시 수당으로 지급하고 있습니다. 퇴직할 경우 미지급한 휴일근로수당도 퇴직금 평균임금 산정 시 포함하는지요?

A

행정해석 ✅

■ 휴일대체가 적법하게 이루어진 경우(적어도 24시간 이전에 해당 근로자에게 통보 ; 법무 811-18759, 1978.04.08.)에는 사용자는 근로자에게 휴일근로수당을 지급할 의무를 지지 않는다고 볼 것이나, 그렇지 않은 경우에는 근로기준법 제56조에 의한 통상임금의 100분의 50이상의 휴일근로가산수당을 추가 지급하여야 할 것임. (임금근로시간정책팀-1815, 2006.07.21.)

■ 즉, 적법한 휴일대체가 아니면 근로자가 주휴일에 근로하는 것은 휴일근로이고, 대신에 쉰 날은 휴일이 아니라 사용자가 근로자에게 근로의무를 면제시켜준 날(대체휴가 또는 휴가대체)에 해당하기 때문에 휴일근로수당을 지급하여야 하는 것입니다. 퇴직으로 인해 사용하지 못하게 되어 변경된 대체휴일에 근로한 경우에는 그에 대한 임금(휴일근로수당)을 지급하여야 합니다. (근기 68207-806, 1994.05.16.)

따라서 평균임금에 포함됩니다.

3개월간 평균임금 산정 시 법정수당은 근무일 기준인지, 지급일 기준인지요?

사례

Q 당사의 급여는 매월 1일~말일까지 근무를 가지고 당월 25일에 지급하고, 연장·휴일·야간수당은 전월 16일~당월 15일 근무실적을 가지고 당월 25일에 지급합니다.

6월 21일 퇴사할 경우 역일에 따라 계산한 3개월은 다음과 같습니다.

> · 3/22~3/31   · 4/1~4/30   · 5/1~5/31   · 6/1~6/21

법정수당은 4월 급여(3/16~4/15 근무실적), 3월 급여(2/16~3/15 근무실적)가 포함되어 있습니다. 법정수당을 근무일 기준으로 지급해야 하는지, 아니면 지급된 날짜를 기준으로 산정해야 하는지요?

A 평균임금은 근로기준법 제2조 제1항 6호에 따라 이를 산정하여야 할 사유가 발생한 날 이전 3개월 동안에 그 근로자에게 지급된 임금의 총액을 그 기간의 총일수로 나눈 금액을 말합니다.

고용노동부 행정해석에 따르면 여기서 '이전 3개월'은 사유가 발생한 날로 소급하여 역법상의 3월을 말하며, '지급된 임금총액'은 실제로 지급된 임금뿐만 아니라, 지급이 되지 않았다 하더라도 사유발생일에 이미 채권으로 확정된 임금이 있으면 이를 포함하여야 합니다.

전월 16일~당월 15일 실적이 당월 25일에 지급된다 하더라도 이는 임금계산의 편의를 위한 임금지급방법 중에 하나일 뿐, 실제 근로를 제공한 기간에 대해 지급받은 임금을 포함하여 평균임금을 산정해야 합니다.

따라서 법정수당도 실제 근로를 제공으로 발생한 수당을 산정하는 것이 타당하다고 사료됩니다. 위 질의의 경우 3/22~6/21에 지급된 임금으로 평균임금을 산정해야 합니다.

※ 참고

퇴직 시에 해당 월의 봉급 전액을 지급한다고 규정되었다 하더라도 평균임금 산정에는 퇴직일 이전까지의 임금만을 포함해야 한다. (임금 68207-524, 1994.8.25.)

월의 중도에 퇴직하고서도 당해 월의 보수 전액을 지급받은 경우, 그 보수 전부를 평균임금에 산입하여야 한다는 것은 단체협약이나 취업규칙에 의하여 월의 중도 퇴직시에도 당해 월의 보수 전액을 지급받을 수 있는 경우에만 적용되는 것이고 임금협약이나 급여규정에 의하여 지급받을 수 없음에도 사용자가 임의로 지급한 경우에도 그 전부를 산입하여야 한다는 것은 아니다.

03

상여금

육아기 단축근무자에 대한
상여금 지급 제외 시 차별에 해당하나요?

Q 출산 후 육아기 단축근무를 하는 직원이 있습니다. 육아휴직을 하지 않고 단축근무로 대신하고 있는데 회사에서 상여금 지급 대상에서 제외할 경우 문제가 없나요? 현재 취업규칙에 상여금 관련 지급규정은 없습니다.

A 고용노동부의 「모성보호와 일·가정 양립지원 업무편람(2018.06.)」에 따르면,

① 육아기 근로시간 단축시 단축된 시간에 비례하여 삭감할 수 있는 임금은 통상임금으로 한정(육아기 근로시간 단축 급여도 통상임금을 기준으로 지급하고 있음)

② 육아기 근로시간 단축 근로자의 근로조건을 서면으로 정할 때 통상임금만 단축된 시간에 비례하여 삭감할 수 있으며, 취업규칙 등으로 근로자에게 유리하게 정한 경우에는 그에 따름

③ 포괄임금 적용시 시간외수당이 시간외근로 여부와 무관하게 지급되었다면, 시간외수당을 포함하여 근로시간에 비례하여 급여산정(시간외수당 전체를 제외하면 안 됨)

④ 기타 통상임금 다툼은 근로기준법 해석에 따름

■ 육아기 근로시간 단축근로자는 기간제 및 단시간근로자보호 등에 관한 법률 적용 대상이 되므로 제2조 제3호 "차별적 처우라 함은 다음 각 목의 사항에 있어서 합리적인 이유없이 불리하게 처우하는 것을 말한다."

가. 「근로기준법」 제2조 제1항 제5호에 따른 임금

나. 정기상여금, 명절상여금 등 정기적으로 지급되는 상여금

다. 경영성과에 따른 성과금

라. 그 밖에 근로조건 및 복리후생 등에 관한 사항

구체적 사실관계를 확인할 수 없어 정확한 답변을 드릴 수 없으나, 귀 사의 인센티브가 지급 조건, 금액, 지급시기가 취업규칙 등에 정해저 있어서 정기적 상여금의 성격을 가지는 경우라면 상여금 지급과 관련하여 상여금 산정기준을 총 근속년수로 정한 경우는 당연히 육아휴직(육아기 근로시간 단축)기간을 이에 포함하여야 하며,

상여금 산정기준이 일정기간 동안 근로한 대가(출근 성적)로 지급되는 경우라도 육아기 근로시간 단축의 경우는 출근 성적이 있으므로 최소한 근무한 시간에 비례하여 지급하는 것이 타당하다고 보입니다. (근정 58240-295, 1998.08.17.)

■ 기간제 및 단시간근로자보호 등에 관한 법률은 "사용자는 단시간근로자임을 이유로 동종 또는 유사한 업무에 종사하는 통상근로자에 비하여 차별적 처우를 하여서는 아니 된다." 라고 규정하고 있는바, 취업규칙에 인센티브를 지급하도록 규정하면서 주 30시간 미만 근무자라는 이유로 지급 대상에서 제외한다면 법률 위반이 될 수 있다. (여성고용정책과-704, 2012.03.07.)

【남녀고용평등과 일·가정 양립 지원에 관한 법률】

제19조의2(육아기 근로시간 단축)

⑤ 사업주는 육아기 근로시간 단축을 이유로 해당 근로자에게 해고나 그 밖의 불리한 처우를 하여서는 아니 된다.

⑥ 사업주는 근로자의 육아기 근로시간 단축기간이 끝난 후에 그 근로자를 육아기 근로시간 단축 전과 같은 업무 또는 같은 수준의 임금을 지급하는 직무에 복귀시켜야 한다.

제19조의3(육아기 근로시간 단축 중 근로조건 등)

① 사업주는 제19조의2에 따라 육아기 근로시간 단축을 하고 있는 근로자에 대하여 근로시간에 비례하여 적용하는 경우 외에는 육아기 근로시간 단축을 이유로 그 근로조건을 불리하게 하여서는 아니 된다.

② 제19조의2에 따라 육아기 근로시간 단축을 한 근로자의 근로조건(육아기 근로시간 단축 후 근로시간을 포함한다)은 사업주와 그 근로자 간에 서면으로 정한다.

③ 사업주는 제19조의2에 따라 육아기 근로시간 단축을 하고 있는 근로자에게 단축된 근로시간 외에 연장근로를 요구할 수 없다. 다만, 그 근로자가 명시적으로 청구하는 경우에는 사업주는 주 12시간 이내에서 연장근로를 시킬 수 있다.

④ 육아기 근로시간 단축을 한 근로자에 대하여 「근로기준법」 제2조 제6호에 따른 평균임금을 산정하는 경우에는 그 근로자의 육아기 근로시간 단축 기간을 평균임금 산정기간에서 제외한다.

상여금 지급기준 및 계산 방법은?

Q 당사는 고정 O/T가 있으며, 상여금은 200% 연간 3회 지급하고 있습니다.

예를 들어 다음과 같은 경우 상여금 지급기준이 어떻게 되는지요? 기본급 300만원, 식대 10만원, 고정 O/T 40만원이 급여명세서에 표시가 될 경우 상여금 200%를 기본급 300만원으로 계산해야 하는지, 아니면 330만원으로 계산해야 하는지요? 근로계약서 및 사규에는 계산방법에 대해 나와 있지 않습니다.

A 상여금의 연원이 은혜적·포상적 성격의 이윤배분에서 비롯돼서 근로기준법에 명문화된 규정이 없습니다. 따라서 취업규칙 또는 단체협약에 정한대로 따르면 되는데 일반적인 상여금은 매월 정기적으로 지급되는 임금 이외에 분기별 또는 특정시기에 사용자가 일시금으로 지급하는 금품을 말합니다.

예를 들어 취업규칙 또는 단체협약에 기본급의 300%를 상여금으로 하여 연간 2회 지급하는 경우가 이에 해당합니다. 상여금 지급기준은 회사마다 상이하기 때문에 기본급 기준으로 하거나 통상임금 기준으로 하는 등 회사가 정하기 나름입니다.

위 질의의 경우 그동안의 지급관행 및 실태를 파악해서 판단할 필요가 있습니다.

무급휴직 및 중도퇴사하는 경우 상여금 계산 방법은?

Q 당사는 명절 및 여름휴가에 상여금을 지급하고 있습니다. 근로자가 무급휴직 및 중도퇴사하는 경우(상여금 지급 시점에 휴직 상태) 상여금을 전액 지급하는 방법과 일할 계산하여 지급하는 것 중 어떤 방법이 맞는지요?

A 상여금 지급 여부에 대해 노동 관계법에 별도로 규정하고 있지 아니하므로 사업장의 단체협약·취업규칙 등에서 정한 바에 따라야 하는데, 상여금 지급률 및 지급시기 등이 단체협약 등에 정해져 있고 매년 일정시기에 일정률의 상여금을 지급해 왔다면 동 상여금은 근로의 대상으로 지급되는 임금으로 보아 그 지급일 이전에 퇴직한 근로자에게도 근무한 만큼의 상여금을 지급하여야 할 것입니다.

다만, '상여금은 지급일 현재 재직 중에 있는 자에 한한다.'는 등의 명문 규정이 있는 경우에는 퇴직자에게 지급하지 않을 수 있으며(근기 68207-1667, 2000.05.31.), 이는 휴직 중인 근로자의 상여금 지급에도 동일하게 적용되어야 할 것입니다. 그리고 휴직자의 상여금은 명시적으로 휴직자를 배제하지 않는다면 해당 기간에 해당하는 금액을 지급해야 할 것입니다. (근로기준정책과-2682, 2016.04.22.)

- 월급제 임금지급 형태 하에서 특정 근무월의 도중에 퇴직하는 근로자에게 당해 근무월의 임금을 전액 지급할 것인지, 아니면 근무일수에 해당하는 임금을 일할계산하여 지급할 것인지는 근로기준법에 명시적인 규정이 없고 노사 쌍방이 정한 바에 따르면 될 것임.
  취업규칙이나 근로계약 등에서 특정 근무 월의 도중에 퇴직하는 근로자에게 당해 근무월의 임금을 전액 지급한다고 규정되어 있지 않는 한 당해 근로자에게 퇴직일까지의 실제 근로일수에 해당하는 임금을 일할계산하여 지급하는 것은 무방함. (근로개선정책과-2118, 2011.07.11.)

- 특정시기에 지급되는 상여금의 지급일이 도래하기 전에 퇴직한 근로자에 대한 상여금은 각각의 상여금 지급기준일 익일부터 기산하여 당해 근로자의 퇴직일까지의 기간으로 안분하여 지급하는 방식이 사회통념상 합리적인 방법이라 여겨짐. (임금근로시간정책팀-117, 2006.01.13.)

퇴직일 이후에 지급한
상여금의 퇴직금 산입 방법은?

사례

Q 당사 직원이 2월 20일자로 퇴사하였는데 최근 1년간 상여금을 3회 지급하였습니다.

당해연도 2월 25일(급여 지급일), 전년도 8월 25일, 전년도 2월 25일에 상여금을 지급하였는데, 퇴직일자가 2월 20일이면 2월 25일 지급한 상여금은 포함이 안 되나요?

A 평균임금은 근로기준법 제2조 제1항 6호에 따라 이를 산정하여야 할 사유가 발생한 날 이전 3개월 동안에 그 근로자에게 지급된 임금의 총액을 그 기간의 총일수로 나눈 금액을 말합니다.

'지급된 임금총액'은 실제로 지급된 임금뿐만 아니라, 지급이 되지 않았다 하더라도 사유발생일에 이미 채권으로 확정된 임금이 있으면 이를 포함하여야 합니다.

따라서 2월 20일에 퇴직하였어도 2월 25일 지급한 상여금도 포함하여야 합니다.

행정해석 ✓

■ 근로기준법 제2조 제1항 제6호에 의한 평균임금 산정 시 상여금의 취급에 대하여는 상여금이 단체협약·취업규칙 기타 근로계약에 미리 지급조건 등이 명시되어 있거나 관례로서 계속 지급하여 온 사실이 인정되는 경우에는 평균임금 산정 시 산입하여야 할 것임. 그 산입방

식은 상여금 지급이 평균임금을 산정하여야 할 사유가 발생한 때로부터 이전 12개월 중에 지급받은 상여금 전액을 그 기간동안의 근로월수로 분할계산하여 평균임금 산정 시 산입하여야 할 것임. (임금근로시간정책팀-2286, 2007.07.04.)

명절 상여금을 상품권으로 지급할 경우 급여명세서에 표기해야 하나요?

Q 2월 급여명세서에 상품권 30만원 지급내역을 표기해야 하는지? 아니면 별도로 보관하면 되는지요?

A 근로제공의 대가로 상품권을 지급받은 경우 회사 원천징수의무자는 지급월의 근로소득으로 처리하여야 하며 연말정산 시 총급여에 포함하여 신고하여야 합니다. 아울러, 회사에서 복리후생 목적으로 상품권을 구입하여 직원에게 지급하는 경우 해당 상품권 지급액은 해당 직원의 과세대상 근로소득으로 보아야 합니다.

다만, 근로소득으로 보지 아니하는 복리후생비는 법인세법 시행령 제45조 제1항 각호 중 어느 하나를 말합니다.

관련 법규 ✓

【법인세법 시행령】

제45조(복리후생비의 손금불산입)

① 법인이 그 임원 또는 직원을 위하여 지출한 복리후생비중 다음 각 호의 어느 하나에 해당하는 비용 외의 비용은 손금에 산입하지 아니한다. 이 경우 직원은 「파견근로자보호 등에 관한 법률」제2조에 따른 파견근로자를 포함한다.

1. 직장체육비

2. 직장문화비

2의2. 직장회식비

3. 우리사주조합의 운영비

4. 삭제 <2000. 12. 29.>

5. 「국민건강보험법」 및 「노인장기요양보험법」에 따라 사용자로서 부담하는 보험료 및 부담금

6. 「영유아보육법」에 의하여 설치된 직장어린이집의 운영비

7. 「고용보험법」에 의하여 사용자로서 부담하는 보험료

8. 그 밖에 임원 또는 직원에게 사회통념상 타당하다고 인정되는 범위에서 지급하는 경조사비 등 제1호부터 제7호까지의 비용과 유사한 비용

행정해석 ✓

- 급여지급기준에 의하여 기본항목의 급여 외에 업무실적 등이 우수직원에게 추가로 지급하는 성과상여금은 소득세법 제20조의 근로소득에 해당하며, 부서단위로 지급받는 경우 그 성과상여금이 근로자 개개인에게 귀속되는 경우에는 근로자 각자의 근로소득에 해당하여 이를 지급하는 때에 소득세를 원천징수하여야 하는 것입니다. (서면인터넷상담1팀-18, 2007.01.19.)

- 과세대상 근로소득은 급여의 명칭 여하에 불구하고 근로의 제공으로 인하여 받는 보수 중 소득세법에서 비과세 소득으로 열거된 소득을 제외하는 것이며 종업원에게 지급하는 각종 상금 중 사실상 급여에 속하는 상금은 근로소득, 종업원의 특별한 공로에 대하여 경진·경영·경로대회·전람회 등에서 우수한 자에게 지급하는 상금은 기타소득에 해당하는 것임. (원천세과-129, 2010.02.08.)

병가 휴직 중인데 상여금을 지급해야 하나요?

사례

Q 개인 질병으로 병가휴직(3개월) 중인 직원이 있습니다. 당사는 상여금 250%를 12개월 나눠서 지급하고 있습니다. 사규에 상여금은 근무일수에 따라 지급하며, 휴직기간에 대한 언급은 없습니다. 상여금을 지급해야 하는지요?

A 상여금 지급에 대한 사항은 다음의 행정해석을 참조하기 바랍니다.

행정해석 ✓

- 상여금에 대하여는 근로기준법에 규정된 사항이 없으므로 동 금품의 지급 여부, 지급 대상 등은 단체협약 및 취업규칙 등에 명문의 규정이 있는 경우라면 원칙적으로 그 규정에 따라야 함. (근로기준과-337, 2010.03.23.)

- 상여금의 지급요건 등에 대하여는 근로기준법에 별도 규정을 두고 있지 아니하므로, 개별 기업의 단체협약 및 취업규칙 등 관련 규정에 따라 판단하여야 할 것임. 따라서 휴업기간 중 상여금(성과급) 지급과 관련하여 당사자간 특별히 정산한바가 없다면, 휴업기간에 비례하여 상여금 등을 감액 지급하더라도 무방할 것으로 사료됨. (근로조건지도과-535, 2009.01.23.)

- 명문의 규정만으로는 이를 판단하기 어려운 경우에는 상여금의 지급 등을 권리로서 청구할 수 있는 관행이 성립되어 있는지 여부 등을 포함하여 판단하여야 할 것임.

개인 질병으로 인한 휴직 및 면허정지기간에 대한 상여금의 지급 여부를 판단하여 보건대, 그 지급대상이 근속기간을 기준으로 이루어지고 있고, 휴직·면허정지 등의 기간동안 상여금을 지급하지 않는다는 별도의 규정이 없음. 실제 해당 기업의 창사 이래, 1999년까지 수년 동안 질병으로 인한 휴직 및 면허정지기간에도 상여금 전액이 지급되어와, 근로자의 입장에서 보면 당연히 장래에도 휴직·면허정지 등과 관계없이 지급받을 수 있는 하나의 권리로서 정착되었다고 봄이 타당하다고 사료됨. (임금 68207-113, 2001.02.23.)

퇴사하는 경우 개인성과급 지급 여부는?

사례

Q 당사는 개인성과급을 3월, 9월 두 번에 걸쳐 지급합니다. 전년도 7~12월까지 성과가 다음 해 3월, 1~6월까지가 9월에 지급합니다. 원래는 고정성과급으로 고정금액이 나오다가 올해 9월부터 개인성과에 따라 계산하여 지급하고 있습니다.

12월 31일까지 근무 후 퇴사할 경우 개인성과급을 받을 수 있나요? 취업규칙에 있는지는 모르고 근로계약서는 서명만 하고 내용은 설명을 안 해줘서 모릅니다. 특히 성과급 제도가 변경될 때 근로자 동의 없이 통보하였고, 금액이 줄어들었습니다.

A 대법원 전원합의체 판결(2013.12.18.)은 지급 대상기간에 이루어진 근로자의 근무실적을 평가하여 이를 토대로 지급 여부나 지급액이 정해지는 성과급 등은 일반적으로 고정성이 부정된다고 볼 수 있지만, 근무 실적에 관하여 최하 등급을 받더라도 일정액을 지급하는 경우와 최소한도의 지급이 확정되어 있다면, 그 최소한도의 임금은 고정적 임금으로 보고 있습니다.

판례 ☑

▪ "근로자가 임의의 날에 근로를 제공하더라도 지급일 이전에 퇴직하거나 휴직할 경우 상여금을 받을 수 없다면 근로자가 근로를 제공하는 시점에서는 이를 받을 수 있을지 확실하였

다고 볼 수 없다. 따라서 상여금은 고정적인 임금으로 볼 수 없다." (서울고법 2015나2039352, 2017.05.12.)

■ 고정급 형태의 정기상여금도 일정한 금액이 계속적·정기적으로 지급되어 근로자의 생활유지를 위한 안정적인 수단이 된다는 점에서 기본급과 다를 바가 없다. 주식회사 ○○스틸 판례를 통해서도 전체 임금에서 정기상여금이 차지하는 비중이 매우 높고, 월 단위로 계산한 정기상여금과 기본급을 비교하면 월할 정기상여금이 월 기본급의 80% 내외에 이르는바, 근로자의 생활유지를 위한 주된 원천이 된다는 측면에서 정기상여금이 근로자에 대하여 가지는 의미는 기본급과 다를 수가 없다.

정기상여금이 기본급에 준하는 임금으로서의 실질을 가진다고 보는 이상, 재직자 조건의 유효성을 판단함에 있어서도 기본급과 정기상여금을 달리 취급하여야 할 합리적인 이유를 찾을 수 없다. 따라서 기본급에 재직자 조건을 부가하는 것을 허용할 수 없는 것과 마찬가지로 적어도 고정급 형태의 정기상여금에 재직자 조건을 부가하여 이미 제공한 근로에 상응하는 부분까지 지급하지 아니하는 것은 그 유효성을 인정할 수 없다.

임금에 대하여 조건이 부가될 수 있으나, 정기상여금에 부가된 재직자 조건은, 예컨대 성과급에서의 성과조건과는 다르다. 성과급에서의 성과조건은 성과급이라는 급여를 발생시키는 조건이지만, 정기상여금에 부가된 재직자 조건은 정기상여금의 지급에 관한 조건에 불과하기 때문이다.

성과급	정기상여금
일정한 성과라는 조건의 성취 여부에 따라 급여를 청구할 수 있는 권리가 발생할 수도, 발생하지 아니할 수도 있는 것으로서 성과급에서의 성과조건은 성과급 약정의 본래 내용의 일부를 이루는 것이다.	지급일 당시 재직하는 근로자에 한하여 지급한다거나 지급일 이전 퇴직자에게는 지급하지 아니 한다는 조건은 정기상여금 약정의 기본적 내용을 구성하는 것이 아니고 정기상여금 그 자체와는 구분되는 외부적인 조건일 뿐이다. 고정급 형태의 정기상여금의 경우 지급액이 사전에 확정되어 정기적으로 지급되는 것이고, 그 발생을 위하여 별도의 조건이 요구되지 않는다. 예) 상여금은 연간 800% 지급하고, 짝수 월에 각 100%씩 지급하며 4월 200%, 7월 100%를 지급한다.

성과조건을 성취할 때까지는 임금채권이 발생하지 아니함	고정급 형태의 정기상여금의 경우 그날의 근로를 제공하면 그에 대한 대가로서 그날 몫의 정기상여금에 대한 임금채권이 발생하고, 다만 실제 지급일만 약정된 지급기간에 따라 수일 또는 수개월 뒤로 늦추어지는 것이다.
성과급은 성과조건의 성취에 따라 비로소 발생하는 급여로 처음부터 약정된 것	재직자 조건이 부가된 정기상여금은 그 발생에 대한 약정이 있고 그날그날의 근로 제공으로 인하여 그 몫의 임금인 정기상여금이 이미 발생하였음에도 지급일 전에 퇴직한 근로자의 경우 재직자 조건으로 인하여 결과적으로 이를 지급받지 못하게 되는 것이다.

(서울고법 2017나2025282, 2018.12.18.)

성과급이 근로기준법에 의한 임금 또는 기타 금품에 해당하는지와 성과연봉제 도입에 따른 취업규칙 변경절차는 다음과 같습니다.

판례 및 행정해석 ✓

- "사용자와 근로자가 일정목표를 설정해 놓고 그 목표 달성 정도에 따라 기본연봉 기준으로 삭감 또는 추가하여 지급하는 등 성과급 지급금액을 달리하고 있어 그 지급사유의 발생이 불확정적이고 일시적인 것으로 보이므로 사용자에게 지급의무가 부과되는 근로기준법상 임금이라고 볼 수 없다.

  금품청산의 대상이 되는 임금, 보상금, 그 밖에 일체의 금품의 범위에는 근로자가 제공한 근로와 직접적인 관계가 있을 필요는 없고 그 발생 원인이 근로관계에 기초하여 사용자에게 지급의무가 부여된 금품이라면 금품청산 보호대상으로 봄이 타당하므로, 목표달성 성과급은 근로관계에 기초하여 발생한 금품으로 같은 법 제36조의 그 밖에 일체의 금품에 포함되므로, 이를 위반시 처벌이 가능하다고 사료됨." (근로기준과-2195, 2009.06.29.)

- "성과연봉제 규정의 개정으로 인하여 기본급 및 성과연봉의 등급 분류 결과에 따라 지급받게 되는 총 임금의 액수가 증가 또는 감소하게 되는 등 근로자 개인에 따라 유·불리의 결과

가 달라질 수 있게 되었으나, 하위평가를 받게 되는 근로자들은 기존 임금이 저하될 것으로 보이는바, 규정의 개정으로 근로자들에게 지급하게 되는 임금의 총액이 기존의 급여 체계에 비하여 증가하였다 하더라도, 위와 같이 위 규정의 적용을 받게 되는 근로자 개인에 따라 그 유·불리의 결과가 달라진다면, 위 규정은 근로자에게 불이익한 것으로 취업하여 근로기준법에 따른 변경절차를 따라야 한다." (서울중앙지법 2016가합26506, 2017.08.10.)

■ "취업규칙의 변경에 근로자의 동의가 필요한 경우에 노동조합이 없으면, 사용자 측의 개입이나 간섭이 배제된 상태에서 사업장 전체 또는 기구별 단위 부서별로 근로자 간에 의견을 교환하여 찬반의 의사를 모으는 회의방식 기타 집단적 의사결정 방식에 의하여 근로자 과반수의 동의를 받아야 한다." (대법 2009다32362, 2010.01.28.)

연간 단위의 상여금 평균임금 산입 기준은?

사례

Q 상여금을 1년 단위로 경영 실적에 따라 지급하고 있습니다. 상여금을 받고 퇴사한 직원의 퇴직금 계산 시 상여금은 어떻게 산정해서 반영해야 하는지요?

A 근로기준법 제2조 제1항 제6호의 규정에 따라 '평균임금'이란 이를 산정하여야 할 사유가 발생한 날 이전 3개월 동안에 그 근로자에게 지급된 임금의 총액을 그 기간의 총일수로 나눈 금액을 말합니다.

상여금의 경우 단체협약, 취업규칙 등에 미리 지급조건이 명시되어 있거나 관례로써 계속 지급되어 온 사실이 인정되면 평균임금 산정 사유발생일 전 3개월간에 지급되었는지 여부와 관계없이 사유발생일 전 12개월 중에 지급받은 전액을 12개월로 나누어 3개월분을 평균임금의 산정범위에 산입시키면 됩니다.

한편, 근로자가 근로를 제공한 기간이 1년 미만인 경우 그 기간 동안 지급받은 상여금 전액을 해당 근로 개월 수로 분할 계산하여 평균임금의 산정범위에 산입시키면 될 것입니다. (『평균임금 산정상의 상여금 취급요령』 고용노동부 예규 제96호)

이는 상여금이 일반적인 임금지급 주기를 벗어나 지급되었을 경우, 이를 조정함으로써 통상의 임금을 사실대로 산정하기 위한 평균임금의 기본취지를 반영토록 하기 위함입니다.

예를 들어 지급주기가 3개월인 상여금이 당해 연도 6월 30일에 지급되었고, 같은

해 7월 1일에 평균임금 산정사유가 발생했다면 사유발생일 전 3개월 중 지급받은 상여금 전액을 평균임금의 산정범위에 산입시키는 것이 타당할 것입니다. (근로기준정책과-1217, 2017.02.15.)

04

포괄임금

근로자마다 다른 포괄임금계약서를 작성해도 문제가 없나요?

Q 당사는 직원 채용 시 포괄임금제를 적용하고 있습니다.

이 경우 개별 근로자별로 다르게 연장, 휴일근로시간을 책정해서 계약을 해도 문제가 없을까요? 예를 들어 사무실 관리직과 현장 관리직의 출근시간 및 주말근무 여부가 다르기 때문에 계약서를 다르게 작성하려고 합니다.

A 사용자는 근로계약을 체결함에 있어서 기본임금을 결정하고 이를 기초로 하여 근로자가 실제로 근무한 근로시간에 따라 시간외근로·야간근로·휴일근로 등이 있으면 그에 상응하는 시간외근로수당·야간근로수당·휴일근로수당 등의 법정수당을 산정하여 지급함이 원칙이라 할 것입니다.

이러한 원칙적인 임금지급방법은 근로시간 수의 산정을 전제로 한 것인데, 예외적으로 근로시간·근로형태와 업무의 성질을 고려할 때 근로시간의 산정이 어려운 것으로 인정되는 경우가 있을 수 있습니다.

판례 ✓

■ 이러한 경우 사용자와 근로자 사이에 기본임금을 미리 산정하지 아니한 채 제 수당을 합한 금액을 월급여액이나 일당임금으로 정하거나 매월 일정액을 제 수당으로 지급하는 내용의

포괄임금제에 관한 약정이 성립하였는지는 근로시간, 근로형태와 업무의 성질, 임금 산정의 단위, 단체협약과 취업규칙의 내용, 동종 사업장의 실태 등 여러 사정을 전체적·종합적으로 고려하여 구체적으로 판단하여야 한다.

이때 단체협약이나 취업규칙 및 근로계약서에 포괄임금이라는 취지를 명시하지 않았음에도 묵시적 합의에 의한 포괄임금약정이 성립하였다고 인정하기 위해서는, 근로형태의 특수성으로 인하여 실제 근로시간을 정확하게 산정하는 것이 곤란하거나 일정한 연장·야간·휴일근로가 예상되는 경우 등 실질적인 필요성이 인정될 뿐 아니라 근로시간, 정하여진 임금의 형태나 수준 등 제반 사정에 비추어 사용자와 근로자 사이에 정액의 월급여액이나 일당임금 외에 추가로 어떠한 수당도 지급하지 않기로 하거나 특정한 수당을 지급하지 않기로 하는 합의가 있었다고 객관적으로 인정되는 경우이어야 한다. (대법 2016도1060, 2016.10.13.)

■ 근로시간의 산정이 어려운 등의 사정이 없음에도 포괄임금제 방식으로 약정된 경우 그 포괄임금에 포함된 정액의 법정수당이 근로기준법이 정한 기준에 따라 산정된 법정수당에 미달하는 때에는 그에 해당하는 포괄임금제에 의한 임금 지급계약부분은 근로자에게 불이익하여 무효라 할 것이고, 사용자는 근로기준법의 강행성과 보충성 원칙에 의해 근로자에게 그 미달되는 법정수당을 지급할 의무가 있음. (대법 2008다6052, 2010.05.13.; 대법 2014도8873, 2016.09.08.)

사업 포괄양수도 시
퇴직금 부담의 주체는?

Q 법인이 다른 법인으로부터 사업을 포괄양수도하여 고용을 승계하였으나 퇴직금 충당금액을 인수받지 못한 경우에 근로자가 실제 퇴직 시 전 사업자 근속기간 중 발생한 퇴직금의 부담 주체가 누구인가요?

A 영업의 양도라 함은 일정한 영업목적에 의하여 조직화된 총체, 즉 물적·인적조직을 그 동일성을 유지하면서 일체로서 이전하는 것을 말하는데, 즉 두 개 이상의 기업이 하나로 합병되거나 기업을 양도·양수함에 있어 기업의 동질성과 조직의 일체성을 유지하면서 기업의 소유자 내지 경영자만 변경된 경우 종전 기업의 근로관계가 새로운 기업에 포괄적으로 승계된다고 할 것입니다. 따라서 사업이 포괄적으로 양도·양수되어 고용승계가 이루어진 경우라면 영업양도 전후의 근로기간을 계속근로로 보아야 하는 것입니다. (보상부-1061, 2014.03.14.)

위 질의의 사실관계가 명확하지 않아 정확한 답변을 드리기 어려우나, 판례는 양도회사가 그 소속 종업원들에 대한 임금 및 퇴직금 등 채무를 청산하기로 하고 운수사업의 면허 및 물적 시설만을 양도한 경우(대법 95다7987, 1995.07.25.), 양도회사의 판매망과 생산시설을 바탕으로 동일 생산품을 생산·판매하고 있으나, 양도회사 소속 근로자들 일부를 신규입사 형식으로 채용하고 일부 근로자는 그대로 잔류하였으며, 양도 회사의 다른 부채, 채권과 채무 등을 모두 인수하지 않은 경우(대법 2002

두10094, 2003.03.14.) 등에는 영업양도로 인정되지 않은 사례가 있습니다. (근로기준과-911, 2005.02.18.)

Q 당사 일부 직원의 경우 근무 도중에도 일이 없어서 쉬는 경우가 많아 퇴근시간 변동이 크고 퇴근시간 확인도 힘든 상황이라 포괄임금제를 적용하고 있습니다. 근로계약서에 '연장·휴일·야간근로 시 법에서 정한 수당을 지급하되, 법정 제수당에 대해서는 포괄임금제로 운영한다.'라고 두루뭉술하게 적었는데 고정연장수당과 시간을 명시해야 하는지요?

A 연장근로시간과 그에 대한 수당을 구분하여 명시해야 합니다.

판례 및 행정해석 ✓

- 포괄임금제 방식의 임금 지급계약을 체결한 때에는 그것이 근로기준법이 정한 근로시간에 관한 규제를 위반하는지를 따져, 포괄임금에 포함된 법정수당이 근로기준법이 정한 기준에 따라 산정된 법정수당에 미달한다면 그에 해당하는 포괄임금제에 의한 임금 지급계약 부분은 근로자에게 불이익하여 무효라 할 것이고, 사용자는 근로기준법의 강행성과 보충성 원칙에 의하여 근로자에게 그 미달되는 법정수당을 지급할 의무가 있다. (대법 2014도8873, 2016.09.08.)

- 고정급 연장근로수당을 월 임금에 포함시켜 지급한다 하더라도, 노사 당사자간에 월 임금

에 포함된 고정급 연장근로수당 금액을 명시하거나 연장근로시간(또는 그 상한)을 약정하여 시간급 임금의 산정(소위 포괄역산) 및 연장근로수당의 계산이 가능하여야 할 것임.

물론, 이 경우에 매일 매일의 실제 연장근로시간이 반드시 미리 정한 1일분 고정급 연장근로수당과 일치하여야 하는 것은 아니며, 임금지급 시 실제로 근로한 연장근로시간에 기초한 법정수당과 노사간의 약정에 따라 기 수령한 고정급 연장근로수당을 비교하여 후자의 금액이 전자의 금액 이상이면 법 제56조의 규정에 의한 연장근로에 대한 가산임금이 지급된 것으로 볼 수 있을 것임.

그러나, 고정급 연장근로수당 금액을 명시하지 아니하거나 연장근로시간(또는 그 상한)이 명확하게 표시되지 아니하여 고정급 연장근로수당 금액을 알 수 없는 경우에는 달리 볼 사정이 없는 한 법 제56조의 연장근로수당이 적법하게 지급된 것으로 보기 어려울 것이라고 사료됨. (근로기준과-285, 2011.01.14.)

■ 월급여액에 기본급과 제수당이 포함된 것으로 근로계약을 체결하는 경우에는 근로계약서상에 시간급 통상임금 및 연장·야간·휴일근로시간과 함께 그에 따라 계산된 임금 및 수당액을 구체적으로 명시해야 합니다. (근로기준과-7485, 2004.10.19.)

따라서 근로시간 산정이 어려운 사정이 있어 포괄임금제 약정을 체결할 경우에는 포괄임금에 포함되는 임금항목을 서면으로 명시해야 하며, 근로계약서 임금의 구성항목과 계산방법 등 근로조건을 명시하고(법 제17조 제2항), 임금대장에 기본급, 수당, 근로일수, 근로시간 수 등을 반드시 기재해야 합니다. (법 제48조)

영상 촬영 및 편집업종은 포괄임금제가 적용 가능한가요?

Q 당사는 영상을 촬영하고 편집하는 회사로 특정 사업을 수주하면 빈번하게 외근을 나가서 야근을 해야 하는 경우가 있습니다. 일이 언제 완성되는지 예상하기도 어렵습니다. 이러한 경우 연장근로시간을 포함하여 포괄임금제로 적용이 가능한가요?

A 포괄임금제는 근로시간 산정이 어려운 경우에 한하여 예외적으로 인정되며, 근로시간 산정이 어렵지 않으면 명시적인 합의가 있어도 무효가 됩니다(5인 이상 사업장의 경우 해당).

행정해석 ✓

- 근로시간, 근로형태와 업무의 성질을 참작하여 근로자의 승낙 하에 기본임금을 미리 산정하지 아니한 채 시간외근로 등에 대한 제수당을 합한 금액을 월급여액이나 일당임금으로 정하거나 매월 일정액을 제수당으로 지급하는 내용의 계약을 체결하고, 근로자에게 불이익이 없고, 제반사정에 비추어 정당하다고 인정될 때에 유효하다고 볼 수 있음. (근로기준과-2734, 2010.12.16.)

○ 근로시간 산정이 어려운 경우(고용노동부-포괄임금제 사업장 지도지침, 2017.10.)

① 관리자의 지휘·감독을 벗어나 주로 사업장 밖에서 근로하며 근로시간을 노동자가 재량으로 결정하고, 성과급 형태로 임금을 지급받는 등 근무형태가 도급적 성격이 강한 경우

  - 사업장 밖의 근로라 하더라도 사용자의 구체적인 지휘·감독이 미치는 경우라면 근로시간 산정이 어려운 경우로 볼 수 없음

   예) 사업장 밖에서 함께 근무하는 구성원 중에 근로시간을 관리하는 자가 있는 경우, 미리 회사로부터 방문하는 곳과 돌아오는 시간 등 당일 업무를 구체적으로 지시받아 근무를 하고 사업장에 돌아오는 경우 등

② 매일의 기상조건에 따라 근로시간이 달라지는 등 업무가 기상·기후 등 자연조건에 좌우되어 정확한 근로시간의 측정이 어려운 경우

  - 다만, 자연조건에 영향을 받지 않는 사업장의 노동자 또는 이와 관련 없는 직무를 하는 경우라면 근로시간 산정이 어려운 경우에 해당되지 않음

③ 주로 사업장 밖에서 근로하면서 상황에 따라 근로시간의 장단이 결정되어 근로시간 산정이 어려운 경우

  - 예를 들어 운수업의 경우라면 장거리 운행, 불확정적인 운행일정 등으로 인해 근로와 휴식의 구분이 어려운 경우이어야 하고, 사용자가 근로자의 근로시간을 구체적으로 관리하는 경우는 근로시간 산정이 어려운 경우로 볼 수 없음

   예) 배차표에 따라 출발시간과 운행종료시간이 정해져 있는 정기노선버스 등

④ 근로형태나 업무의 성질이 단속적·간헐적이어서 대기시간이 많아 정확한 실근로시간 산정이 곤란한 경우

  - 다만, 감시·단속적 업무라도 잠시라도 업무를 소홀히 할 수 없는 고도의 정신적 긴장이 요구되는 경우 또는 타 업무를 반복하여 수행하거나 겸직하는 경우라면 근로시간 산정이 어려운 경우에 해당되지 않음

근로자가 출장 등의 사유로 근로시간의 전부 또는 일부를 사업장 밖에서 근로하여 근로시간 산정이 어려운 경우는 포괄임금제가 아닌 '간주근로시간제도(근로기준법 제58조 제1항 및 제2항)'를 검토해볼 수 있습니다.

업무 수행방법을 근로자의 재량에 위임할 필요가 있는 업무도 포괄임금제가 아닌 '재량근로시간제도(근로기준법 제58조 제3항)'를 검토해 볼 수 있습니다.

【근로기준법 시행령】

제31조(재량근로의 대상업무) 법 제58조 제3항 전단에서 "대통령령으로 정하는 업무"란 다음 각 호의 어느 하나에 해당하는 업무를 말한다.

1. 신상품 또는 신기술의 연구개발이나 인문사회과학 또는 자연과학분야의 연구 업무

   ※ 단순한 보조적 업무 불포함

2. 정보처리시스템의 설계 또는 분석 업무

   ※ 시스템의 선정 및 설계, 결정, 평가, 문제점 발견, 개선 등의 업무

3. 신문, 방송 또는 출판 사업에서의 기사의 취재, 편성 또는 편집 업무

   ※ 기획 및 입안, 원고작성, 편집 배정, 내용 점검 등(단순 교정업무 불포함)

4. 의복·실내장식·공업제품·광고 등의 디자인 또는 고안 업무

   ※ 전문성, 창의성 필요한 디자인 업무(제품제작에 종사하는 근로자 불포함)

5. 방송 프로그램·영화 등의 제작 사업에서의 프로듀서나 감독 업무

   ※ 제작 전반에 대하여 책임을 지고 기획의 결정, 대외섭외, 스태프의 선정, 예산 관리 등을 총괄, 스태프를 통솔, 지휘하여 현장 제작작업을 총괄하는 업무

6. 그 밖에 고용노동부장관이 정하는 업무

   ※ 고용노동부고시 제2019-36호, 2019.07.31.(재량근로 대상 업무)

   - 「근로기준법 시행령」 제31조제6에서 '그 밖에 고용노동부장관이 정하는 업무'란 회계·법률사건·납세·법무·노무관리·특허·감정평가·금융투자분석·투자자산운용 등의 사무에 있어 타인의 위임·위촉을 받아 상담·조언·감정 또는 대행을 하는 업무를 말한다.

【근로기준법】

제58조(근로시간 계산의 특례)

① 근로자가 출장이나 그 밖의 사유로 근로시간의 전부 또는 일부를 사업장 밖에서 근로하여 근로시간을 산정하기 어려운 경우에는 소정근로시간을 근로한 것으로 본다. 다만, 그 업무를 수행하기 위하여 통상적으로 소정근로시간을 초과하여 근로할 필요가 있는 경우에는 그 업무의 수행에 통상 필요한 시간을 근로한 것으로 본다.

② 제1항 단서에도 불구하고 그 업무에 관하여 근로자 대표와의 서면 합의를 한 경우에는 그 합의에서 정하는 시간을 그 업무의 수행에 통상 필요한 시간으로 본다.

③ 업무의 성질에 비추어 업무 수행 방법을 근로자의 재량에 위임할 필요가 있는 업무로서 대통령령으로 정하는 업무는 사용자가 근로자 대표와 서면 합의로 정한 시간을 근로한 것으로 본다. 이 경우 그 서면 합의에는 다음 각 호의 사항을 명시하여야 한다.

1. 대상 업무

2. 사용자가 업무의 수행 수단 및 시간 배분 등에 관하여 근로자에게 구체적인 지시를 하지 아니한다는 내용

3. 근로시간의 산정은 그 서면 합의로 정하는 바에 따른다는 내용

④ 제1항과 제3항의 시행에 필요한 사항은 대통령령으로 정한다.

포괄임금제에서 연차 초과사용 시 공제가 가능한가요?

사례

Q 당사는 포괄산정임금제를 도입해서 한 달에 초과근무 22시간을 반영하였습니다. 퇴사자가 연차를 초과사용하였을 경우 공제해야 하는데, 통상임금도 공제하고 초과 근무에 해당하는 부분도 공제해야 하는지, 아니면 통상임금만 공제하면 되는지요?

A 판례는 근로자가 초과사용한 연차휴가에 대한 사용자의 일방적인 임금공제는 금 지되나, 근로자의 동의를 얻어 공제하는 것은 가능할 것으로 사료됩니다.

판례 및 행정해석 ⊘

■ 근로기준법 제42조 제1항 본문에서 '임금은 통화로 직접 근로자에게 그 전액을 지급하여야 한다'라고 규정하여 이른바 임금 전액지급의 원칙을 선언한 취지는 사용자가 일방적으로 임금을 공제하는 것을 금지하여 근로자에게 임금 전액을 확실하게 지급받게 함으로써 근로 자의 경제상황을 위협하는 일이 없도록 그 보호를 도모하려는데 있으므로, 사용자가 근로 자에 대하여 가지는 채권을 가지고 일방적으로 근로자의 임금채권을 상계하는 것은 금지된 다고 할 것이지만, 사용자가 근로자의 동의를 얻어 근로자의 임금채권에 대하여 상계하는 경우에 그 동의가 근로자의 자유로운 의사에 터잡아 이루어진 것이라고 인정할 만한 합리 적인 이유가 객관적으로 존재하는 때에는 근로기준법 제42조 제1항 본문에 위반하지 아니 한다고 보아야 할 것이고, 다만 임금 전액지급의 원칙의 취지에 비추어 볼 때 그 동의가 근

로자의 자유로운 의사에 기한 것이라는 판단은 엄격하고 신중하게 이루어져야 한다. (대법 2001다25184, 2001.10.23.)

■ 근로기준법 제42조 제1항의 규정에 의거 임금은 통화로 직접 근로자에게 그 전액을 지급하여야 하나, 법령 또는 단체협약에 특별한 규정이 있는 경우에는 임금의 일부를 공제하거나 또는 통화 이외의 것으로 지급할 수 있음.

단체협약에 의하여 임금의 일부를 공제하는 경우라 하더라도 단체협약에 조합비 등과 같이 임금공제 대상항목을 구체적으로 특정하여 규정하고 있어야 할 뿐 아니라 근로자 본인의 동의가 있어야 하는 것임. 즉, 사용자는 근로자 과반수로 조직된 노동조합의 대표자 동의만으로는 개별근로자의 임금근로자의 임금의 일부를 공제할 수 없는 것임.

단체협약에 임금공제 항목으로 수재의연금이 특정되어 있지 않은 경우라 하더라도 사용자는 개별근로자의 임금공제 동의서에 기초하여 수재의연금을 임금에서 공제하였다면 근로기준법 규정에 의한 임금전액 지급원칙에 위배되는 것으로 볼 수는 없을 것임.

그러나, 조합원 개인이 명시적인 의사표시에 의하여 임금공제를 거부하는 경우에는 당해 조합원에 대하여 임금공제를 할 수 없는 것임. (임금 68207-667, 2002.09.04.)

포괄연봉계약서에 연차수당이 포함되어 있어도 되나요?

Q 당사는 포괄임금이 적용된 연봉제를 운영하고 있습니다. 연차수당도 포함이 되어 있어 실제 15일 이상 발생되는 연차수당에 대하여는 별도 정산을 하고 있지만 법적으로 문제가 있는지 궁금합니다.

A 다음의 행정해석을 참고하기 바랍니다.

행정해석 ✓

- 근로계약을 체결함에 있어서 연장·야간·휴일 근로 등이 포함되어 있는 경우에 계산의 편의를 위하여 노사 당사자간 약정으로 일정 연장·야간·휴일 근로시간 등을 미리 정한 후 이를 임금 및 수당으로 환산하여 고정적으로 지급토록 정하는 소위 포괄임금제는 제반 사정에 비추어 근로자에게 불이익이 없어야 합니다. (근로개선정책과-2022, 2011.07.04.)

- 연·월차유급휴가에 대해 미사용 연·월차유급휴가보상금을 월급여액속에 포함하여 미리 지급하는 근로계약을 체결하는 것은, 그 수당을 지급한 이후에도 해당 근로자가 연·월차휴가를 사용할 수 있도록 허용하는 경우에만 인정될 수 있을 것이며, 휴가 사용을 허용하지 아니하는 경우에는 근로기준법상 근로자에게 인정된 연·월차휴가를 청구·사용할 권리를 제한하는 것이 되어 인정될 수 없다고 사료됨. (근로기준과-7485, 2004.10.19.)

■ 연차유급휴가는 월급여액에 수당으로 포함하여 미리 지급한 경우라도 해당 근로자가 연차휴가를 청구하면 사용할 수 있도록 허용하여야 하며, 만약 휴가 사용을 허용하지 아니하면 법상 근로자에게 인정되는 연차휴가의 사용권리를 제한하는 것이 되어 위법하다고 할 것임. (임금근로시간정책팀-3012, 2007.09.28.)

■ 고용노동부 포괄임금제 사업장 지도지침(2017.10)에 따르면 연차유급휴가미사용수당은 포괄임금에 포함할 경우 휴가사용권의 사전적 박탈의 문제가 있으므로 포괄임금에 포함할 수 없으며, 사용자는 포괄임금제라는 이유로 연차휴가 사용을 제한할 수 없음. (법 제60조 제5항)

포괄연봉제 계약을 한 경우 추가근무수당을 청구할 수 없는지요?

사례

Q 포괄연봉제 계약을 한 경우 연봉에 시간외수당이 포함되어 있어서 추가근로를 제공하더라도 추가 근로에 따른 수당을 청구할 수 없나요? 또한, 오후 10시부터 오전 6시까지 야근수당도 청구할 수 없는지요?

A 근로기준법상 실근로시간에 따른 임금지급이 원칙이며, 포괄임금에 포함된 정액의 법정수당이 근로기준법이 정한 기준에 따라 산정된 법정수당에 미달하는 경우에는 임금 관련 계약조항은 무효가 되는 것입니다. 사용자는 실근로시간을 기준으로 법에 따라 산정된 법정수당 이상을 지급해야 하며, 미달되는 법정수당을 미지급할 경우 임금체불로 법 위반에 해당합니다.

판례 ✅

- 포괄임금제 방식으로 약정된 경우 그 포괄임금에 포함된 정액의 법정수당이 근로기준법이 정한 기준에 따라 산정된 법정수당에 미달하는 때에는 그에 해당하는 포괄임금제에 의한 임금 지급계약 부분은 근로자에게 불이익하여 무효라 할 것이고, 사용자는 근로기준법의 강행성과 보충성 원칙에 의해 근로자에게 그 미달되는 법정수당을 지급할 의무가 있다. (대법 2008다6052, 2010.05.13.)

포괄임금으로 휴일근로수당 포함 시 휴일근로를 제공하지 않은 경우 공제할 수 있는지요?

사례

Q 사무직에 한해 포괄임금계약을 채택하고 있습니다. 포괄임금에는 매달 16시간의 휴일근로수당을 포함하였으나 근로자가 휴일근로를 거부할 경우 이를 임금에서 공제하면 전액불원칙에 위배되는지요?

A 휴일근로수당을 포함하는 근로계약을 체결할 경우 임금은 원칙적으로 근로자의 근로제공을 전제하는 것이므로 실제 근로가 이루어지지 않았다면 근로계약에 명시된 해당 휴일근로수당을 반드시 지급해야 하는 것은 아닙니다. (근로개선정책과-2713, 2012.05.21.)

아울러, 사용자는 근로자의 실제 근로시간이 합의한 시간에 미달하는 경우에도 약정된 연장수당을 지급하여야 하며, 합의한 시간을 초과하는 경우에는 그 차액을 지급하여야 합니다. (포괄임금제 사업장 지도지침. 2017.10.)

포괄임금 적용 시 연장근로시간은 최대 몇 시간까지 적용할 수 있나요?

사례

Q 당사는 제조업이라 일이 많을 땐 바쁘고 없을 땐 많이 쉬는 경우가 있어서 1주당 20시간의 연장근로시간 포함한 포괄임금계약을 체결하고 있습니다.

이런 경우 연장근로시간이 주당 최대 몇 시간까지 가능한가요? 통상임금시급은 어떻게 산정하나요?

A 근로기준법 제53조 제1항에 따르면 당사자 간에 합의하면 1주간에 12시간을 한도로 법정근로시간을 연장할 수 있습니다. 여기서 당사자 간의 합의라 함은 원칙적으로 사용자와 근로자와의 개별적 합의를 의미한다고 할 것이고, 이와 같은 개별 근로자와의 연장근로에 관한 합의는 연장근로를 할 때마다 할 필요는 없고 근로계약 등으로 미리 약정하는 것도 가능할 것입니다. (근로개선정책과-7771, 2013.12.13.)

근로기준법이 연장근로를 제한하면서 이를 위반한 경우 처벌 규정을 둔 취지는 연장근로의 사실적 행위를 금지하는 것뿐만 아니라, 연장근로시간의 상한을 초과하는 근로계약에 대해서는 사법상의 효력까지도 제한하여 근로자를 보호하려는 데 있으므로 이는 강행법규(효력규정)에 해당합니다.

법정 연장근로시간 한도를 위반해 주 연장근로시간을 20시간으로 정하고 있다면 강행법규에 따라 무효가 되고, 법정 연장근로 한도 범위 내(주 12시간)에서 포괄임금계약을 체결한 것이 되므로 통상시급 계산식은 [2,000,000원* ÷ {(40 + 12 × 1.5) +

8) × 52 + 8] ÷ 12]으로 사료됩니다. (근로개선정책과 - 1182, 2014.02.26.)

※ 포괄월급 2,000,000원(기본급, 주휴수당, 연장근무수당 및 가산수당 포함된 금액)

    따라서 불가피하게 연장근로시간이 법정근로시간 한도를 초과한다면 교대근무제 변경이나 근로자 채용 등의 방법으로 연장근로시간을 단축하거나 법정연장근로시간 한도 내에서 운영할 수 있도록 포괄임금계약을 변경해야 합니다.

포괄임금제에서 고정OT는 통상임금이 아닌 기본급으로 산정해도 되나요?

사례

Q 포괄임금제를 적용하고 있고, 월 고정적으로 20시간의 OT를 지급하고 있습니다. 월 고정OT수당을 통상임금이 아닌 기본급으로 시간급을 산정하여 지급해도 되는지요?

A

> **행정해석** ✓
>
> ■ 근로기준법 시행령 제6조 제2항에 따라 통상임금을 시간급 금액으로 산정할 경우에 시간급 금액으로 정한 임금은 그 금액이 통상시급이 되며, 월급 금액으로 정한 임금은 그 금액을 월의 통상임금 산정 기준시간 수(주의 통상임금 산정 기준시간 수에 1년 동안 평균 주의 수를 곱한 시간을 12로 나눈 시간)로 나누어 산정한 금액이 통상임금이 됩니다. (근로개선정책과-1182, 2014.02.26.)
>
> ■ 통상임금의 산정기초가 되는 '임금'은 근로계약이나 취업규칙 또는 단체협약 등에 의하여 소정근로시간(소정근로시간이 없는 경우에는 법정근로시간)에 대하여 근로자에게 지급하기로 정하여진 기본급 임금과 정기적·일률적으로 1임금 산정기간에 지급하기로 정하여진 고정급 임금으로 보고 있습니다. (임금근로시간정책팀-1343, 2007.04.09.)

근로기준법 시행령 제6조 제2항 '통상임금'이란 근로자에게 정기적이고 일률적으로 소정근로 또는 총근로에 대하여 지급하기로 정한 시간급 금액, 일급 금액, 주급 금액, 월급 금액 또는 도급 금액을 말합니다.

따라서 정기적·고정적·일률적으로 지급되는 통상임금을 가지고 통상시급을 산정하여야 합니다.

판례 ⊘

- "통상임금은 근로자가 소정근로시간에 통상적으로 제공하는 근로인 소정근로(도급근로자의 경우에는 총 근로)의 대가로 지급하기로 약정한 금품으로서 정기적·일률적·고정적으로 지급되는 임금을 말하고, 그 임금이 '1임금산정기간' 내에 지급되는 것인지 여부는 판단기준이 아니다. 따라서 어떠한 임금이 통상임금에 속하는지 여부는 그 임금이 소정근로의 대가로 근로자에게 지급되는 금품으로서 정기적·일률적·고정적으로 지급되는 것인지를 기준으로 그 객관적인 성질에 따라 판단하여야 하고, 임금의 명칭이나 그 지급주기의 장단 등 형식적 기준에 의해 정할 것이 아니다." (대법 2012다89399 2013.12.18.)

포괄임금제에서 연장근로 포함 시 통상시급 계산 방법은?

Q 당사는 포괄임금제를 적용하고 있습니다. 1일 8시간 주 5일 근무 사업장으로 하루에 연장근로 1시간씩 포함하고 있습니다. 연장근로 포함한 월급여로 260만원을 지급할 경우 통상임금 산정을 위한 통상시급은 어떻게 계산하나요?

A 1주 40시간제를 실시하는 사업장에서 당초 근로제공 의무가 없는 토요일의 8시간을 유급 처리하는 경우에 월급금액을 시간급금액으로 계산할 때 '월 통상시급 산정기준시간수'는 1주 40시간을 근로할 경우의 월 209시간에 매주 유급 처리되는 8시간 분을 합합니다. (근로기준과-3802, 2004.06.12.)

근로기준법 시행령 제6조의 규정에 의하여 월의 통상임금 산정기준시간수는 주의 통상임금 산정기준시간수를 기준으로 하고, 주의 통상임금 산정기준시간수는 주의 소정근로시간수에 유급 처리되는 시간수를 합산한 시간수로 하는 것이므로 위 질의의 경우 통상임금 산정기준시간수는 다음과 같습니다.

- 월평균 연장근로 : 1일 1시간 × 5일 × 4.34주 ≒ 21.7시간
- 통상시급 : 2,600,000원 ÷ (209 + 21.7 × 1.5) = 10,764원

포괄임금 산정 시 연장휴일근로수당을 하나로 통합해도 되는지요?

사례

Q 포괄임금제를 적용한 사업장으로 고정수당이 포함되어 있습니다. 현재 연장수당과 휴일수당이 별도로 포함되어 있었는데 '연장휴일수당'으로 통합해서 급여명세서에 적어도 되는지, 아니면 연장 및 휴일수당을 분리해야 하는지요?

A 월급여액에 기본급과 제수당이 포함된 것으로 근로계약을 체결하는 경우에는 근로계약서상에 시간급 통상임금 및 연장·야간·휴일근로시간과 함께 그에 따라 계산된 임금 및 수당액을 구체적으로 명시해야 합니다. (근로기준과-7485, 2004.10.19.)

포괄임금 폐지 시 의견 청취 여부는?

사례

Q 포괄임금제 폐지에 따른 취업규칙 또는 근로계약 변경절차를 진행하려고 합니다. 불이익 변경이 아닌 경우 그냥 통보하면 되는지요?

A 취업규칙의 작성·변경의 권한은 원칙적으로 사용자에게 있으므로 사용자는 그 의사에 따라 취업규칙을 작성·변경할 수 있으나, 취업규칙의 변경이 근로자가 가지고 있는 기득의 권리나 이익을 박탈하여 불이익한 근로조건을 부과하는 내용일 때는 해당 사업 또는 사업장에 근로자의 과반수로 조직된 노동조합이 있는 경우에는 그 노동조합, 그러한 노동조합이 없는 경우에는 근로자 과반수의 동의를 받아야 하며, 불이익한 변경에 해당되는지는 사회통념상 합리성이 있는지 여부, 그 변경의 취지와 경위, 해당 사업체의 업무성질, 취업규칙 각 규정의 전체적인 체제 등 제반사정을 종합하여 판단하여야 합니다.

행정해석 ✓

■ 월 60시간의 연장근로수당을 고정적으로 지급하는 방식을 실제 연장근로한 시간에 따라 근로수당을 지급하는 방식으로 변경하고자 하는 것이 근로기준법상 연장근로 제한시간 규정을 위반하지 않고, 실제 연장근로시간을 줄이면서 연장근로수당을 법 규정에 맞

따라서 취업규칙의 단순 변경절차(불이익 변경이 아닌 경우)는 다음과 같습니다.

① 사용자는 취업규칙의 작성·변경에 관하여 해당 사업 또는 사업장에 근로자의 과반수로 조직된 노동조합이 있는 경우에는 그 노동조합, 그러한 노동조합이 없는 경우에는 근로자의 과반수의 의견을 들어야 합니다. (법 제94조 본문)

② 이 경우 근로자 과반수의 의견을 듣는 것으로 족하고 사용자에게 협의 또는 합의할 의무가 있는 것은 아니므로, 사용자가 근로자 과반수의 반대의견을 수용하지 않더라도 의견청취 의무 위반은 아닙니다.

05

휴업수당

하도급업체 근로자
사망사고로 작업중지 명령이 내려진 경우
휴업수당 지급 여부는?

사례

Q 당사는 공장 설비 중 일부를 하청업체에 교정 및 검증하는 작업을 도급을 주고 있습니다. 최근에 설비를 교정하는 과정에서 도급업체 직원 1명이 사망하는 사고가 발생하였습니다. 경찰 조사 및 안전공단에서 조사가 나왔고, 고용노동부 관할지청에서 작업중지명령 공문을 받았습니다. 이 경우 휴업수당 지급사유에 해당할까요?

A 근로기준법 제46조 제1항의 규정에 따라 사용자의 귀책사유로 휴업하는 경우에 사용자는 휴업기간 동안 그 근로자에게 평균임금의 100분의 70 이상의 수당을 지급하여야 하고, 상기 사용자의 귀책사유는 고의·과실 이외에도 사용자의 세력범위 안에서 발생한 경영장애까지 넓게 해당됩니다.

> **행정해석** ✓
>
> ■ 발주처 갑으로부터 건축공사와 기계·배관 공정에서 을·병이 각각 원도급받아 공사하던 중, 을의 하도급업체 소속 근로자의 사망사고로 인해 사업장 전체에 '작업중지명령'이 내려진 경우, 달리 볼 사정이 없다면 이는 현장 전체에서 발생할 수 있는 유사사고 위험 등으로부터 근로자를 보호하기 위한 조치이므로 사용자의 세력범위를 벗어난 불가항력적인 사유로 볼 수 없어 사용자는 법 제46조 소정의 휴업수당을 지급하여야 할 것입니다. (근로기준정책과-741, 2015.03.09.)

휴업수당 지급 시 연장수당도 포함되는지요?

사례

Q 기본급, 직책수당, 연장수당, 관리수당을 월급여로 지급하고 있습니다. 이 월급여의 70%를 지급하면 되는지요? 그리고 연장수당을 제외해야 하는지요?

A 근로기준법 제2조 제6호의 규정에 따라 평균임금이라 함은 이를 산정해야 할 사유가 발생한 날 이전 3개월 동안에 그 근로자에게 지급된 임금의 총액을 그 기간의 총일수로 나눈 금액을 말합니다.

따라서 휴업수당 지급을 위한 평균임금 산정 시점은 휴업이 실제로 발생한 날을 기준으로 근로자에게 지급한 연장수당도 포함하게 되는 것입니다.

다만, 이 경우 근로기준법 제46조의 규정에 따라 사용자의 귀책사유로 휴업하는 경우에 사용자는 휴업기간 동안 그 근로자에게 평균임금의 100분의 70 이상의 수당을 지급하여야 하지만, 평균임금의 100분의 70에 해당하는 금액이 통상임금을 초과하는 경우에는 통상임금 지급이 가능합니다.

휴업수당이 평균임금에 포함되는지요?

Q 당사는 제조회사로 고객사 물동량 감소로 인해 부득이하게 휴업을 하였습니다. 직원마다 차등을 두어서 휴업을 하고 있는데, 휴업수당을 지급하는 경우 이 휴업수당이 평균임금 산입에 포함되는지요?

A 근로기준법 제38조 제2항에서 정한 '최종 3개월분의 임금'이라 함은 동법 제2조의 임금의 정의 규정에 따라 사용자가 근로의 대가로 근로자에게 지급하는 임금, 봉급 등의 일체의 금품을 말합니다.

따라서 휴업수당의 경우 사용자의 귀책사유로 근로자가 근로를 할 수 없는 경우에 근로자의 생활보장을 목적으로 지급하는 금품이므로 '최종 3개월분의 임금'에 포함된다고 볼 수는 없다고 사료됩니다. (근로기준과-49, 2010.01.05.)

휴업수당 지급 시 주휴수당 지급 여부는?

Q 부득이한 사유로 1주일간 휴업을 하게 되었습니다. 주 5일 소정근로시간이 8시간 근무조건으로 근무한다고 가정할 경우 1주를 개근했다고 보고 주휴수당을 지급해야 할 것으로 보이는데 어떻게 해야 하는지요?

A 근로기준법 제46조의 규정에 따라 사용자의 귀책사유로 휴업하는 경우에 사용자는 휴업기간 동안 그 근로자에게 평균임금의 100분의 70 이상의 수당을 지급하여야 합니다(평균임금의 100분의 70에 해당하는 금액이 통상임금을 초과하는 경우에는 통상임금 지급 가능).

사용자의 귀책사유로 인하여 1주일 동안 근로를 제공할 수 없게 된 경우라면 동기간 동안 평균임금의 100분의 70 이상(평균임금의 100분의 70에 해당하는 금액이 통상임금 초과하는 경우에는 통상임금)에 해당하는 금액을 휴업수당으로 청구할 수 있을 것이며, 1주간의 소정근로일 전부를 휴업한 경우에는 그 소정근로일 개근시 부여하는 유급 주휴일도 휴업기간에 포함하여 휴업수당을 산정하여야 합니다. (근로개선정책과-5243, 2012.10.25.)

■ 근로기준법 제46조 제1항에 의하여 사용자 귀책사유로 인하여 휴업하는 경우에는 휴업기간동안 해당근로자 평균임금의 100분의 70 이상의 수당을 지급하도록 하고 있으므로, 비록 그 휴업기간 중간에 주휴일 등 유급휴일이 포함되어 있거나 1주간의 소정근로일 전부를 휴업하여 유급휴일 발생되지 않는 경우에도 휴업수당 산정시에는 휴업기간에 포함하여 산정함이 타당하다고 사료됨. (임금근로시간정책팀-429, 2007.01.30.)

본사 대기 및 재택근무 시
휴업수당 지급 사유에 해당하는지요?

Q 현장 근무기간 중에는 책정된 연봉 전액을 지급하되, 업무가 종료된 기간 중에는 본사 대기하며 재택근무로 책정된 연봉의 절반을 지급하기로 계약했습니다. 재택근무기간은 휴업기간으로 휴업수당을 지급해야 하는지요?

A 구체적인 사실관계를 파악할 수 없어 명확한 답변이 어려우나 관련 행정해석 및 판례를 통해 질의에 대한 답변을 유추해볼 수 있습니다.

행정해석 및 판례

- 감리업무의 특성상 감리업무 수행이 불가능한 기간에 대해 본사대기(재택근무)하기로 하고, 그 기간 중 임금을 50% 삭감지급하기로 하는 근로계약을 체결한 경우 근로기준법 제3조에 따라 당사자가 동등한 지위에서 자유의사에 의해 체결하였다면 원칙적으로 유효하다고 사료됨.

  그러나 이와 같은 근로계약을 체결했다 하더라도 근로기준법 제4조에 의해 계약당사자는 근로계약을 성실하게 이행할 의무가 있다고 할 것이며, 감리업무의 특성으로 감리업무 수행이 불가능한 경우가 아닌 한 동 근로계약에 의거하여 본사대기(재택근무) 및 임금삭감 지급 규정을 적용할 수 없을 것임.

  따라서 근로기준법 제46조에 의한 사용자의 귀책사유로 감리업무 수행이 불가능한 기간에 대해서는 휴업수당을 지급해야 하며, 현장종료시 타현장으로 전환배치하거나 작업량의 적절한 배분 등의 방법으로 업무를 수행토록 할 수 있음에도 정당한 이유 없이 특정근로자를 계속 본사 대기시키는 것은 근로기준법 제23조 위반소지가 있음. (근기 68207-1840, 2001.06.07.)

- 근로기준법 제46조에서 규정한 휴업수당제도의 취지는 사용자의 귀책사유로 인하여 근로자가 근로를 제공하지 못하는 경우 임금상실의 위험으로부터 근로자를 보호하기 위한 것으로서, 근로자의 귀책사유로 인한 징계로서의 휴직기간에까지 적용된다고 볼 수는 없을 것임. 근로자에 대한 징계로서 대기발령이 정당한 이유 없는 해고, 정직 등을 금지한 근로기준법 제23조에 저촉되지 않는 정당한 인사발령으로 인정된 경우라면 이는 사용자의 귀책사유로 인한 휴업으로 볼 수 없다. (근기 68207-546, 2003.05.02.)

- 당사자가 강우 등에 의해 산불발생 위험도가 낮은 날에는 근로제공 의무를 면제하기로 근로계약서 등을 통해 합의한 경우라면 이는 근로제공의무가 면제되는 휴무일로서 휴업수당 지급문제는 발생하지 않음. 그러나 단순히 강우를 이유로 사용자가 일방적으로 휴무를 지정한 경우라면 근로기준법 제46조 제1항에서 정하고 있는 사용자의 귀책사유 있는 휴업에 해당함. (근로개선정책과-2619, 2012.05.14.)

- 근로기준법 제46조 제1항에서 정하는 '휴업'에는 개개의 근로자가 근로계약에 따라 근로를 제공할 의사가 있는데도 그 의사에 반하여 취업이 거부되거나 불가능하게 된 경우도 포함되므로, 이는 '휴직'을 포함하는 광의의 개념인데, 근로기준법 제23조 제1항에서 정하는 '휴직'은 어떤 근로자를 그 직무에 종사하게 하는 것이 불가능하거나 적당하지 아니한 사유가 발생한 때에 그 근로자의 지위를 그대로 두면서 일정한 기간 그 직무에 종사하는 것을 금지시키는 사용자의 처분을 말하는 것이다.

'대기발령'은 근로자가 현재의 직위 또는 직무를 장래에 계속 담당하게 되면 업무상 장애 등이 예상되는 경우에 이를 예방하기 위하여 일시적으로 당해 근로자에게 직위를 부여하지 아니함으로써 직무에 종사하지 못하도록 하는 잠정적인 조치를 의미하므로, 대기발령은 근로기준법 제23조 제1항에서 정한 '휴직'에 해당한다고 볼 수 있다.

따라서 사용자가 자신의 귀책사유에 해당하는 경영상의 필요에 따라 개별 근로자들에 대하여 대기발령을 하였다면 이는 근로기준법 제46조 제1항에서 정한 휴업을 실시한 경우에 해당하므로 사용자는 그 근로자들에게 휴업수당을 지급할 의무가 있다. (대법 2012다12870, 2013.10.11.)

휴업기간 중 무급휴무일이 포함된 경우 휴업수당 지급 여부는?

Q 당사의 소정근무일은 월~금요일이며 토요일은 무급휴무일, 일요일은 주휴일로 정하고 있습니다. 1개월간 휴업을 실시할 예정인데 휴업기간 중에 무급휴무일인 토요일도 휴업기간에 포함하여 휴업수당을 지급해야 하는지요?

A 근로기준법 제46조 제1항의 규정에 따라 사용자의 귀책사유로 휴업하는 경우에 사용자는 휴업기간 동안 그 근로자에게 평균임금의 100분의 70 이상의 수당을 지급하여야 합니다. 다만, 평균임금의 100분의 70에 해당하는 금액이 통상임금을 초과하는 경우에는 통상임금을 휴업수당으로 지급할 수 있습니다.

행정해석 ✓

- 휴업이라 함은 근로자가 근로계약에 따라 근로를 제공할 의사가 있음에도 불구하고 그 의사에 반하여 근로를 제공하지 못한 경우(대법 2012다12870, 2013.10.11.)를 말하는 것으로 질의상 토요일이 무급휴무일로서 근로제공의무가 없는 날인 경우라면 법 제46조의 휴업에 해당하지 않으므로 달리 정한 바가 없다면 휴업수당 지급의무는 발생하지 않을 것입니다.
(근로기준정책과-1448, 2015.04.10.)

근로시간 단축의 경우 휴업수당 지급 여부는?

Q 당사 사업장에는 일용직과 정규직 직원들이 있습니다. 근로시간은 8시간인데 6시간으로 단축한다고 하면 2시간에 대해 휴업수당을 따로 지급해야 하는지요?

A 휴업수당제도 해석기준(근로기준과-387, 2009.02.13.)에 따르면 휴업수당은 사업장의 일부만 휴업하는 경우나 1일 근로시간 중 일부 근로시간을 단축하는 경우에도 해당될 수 있습니다(부분휴업).

① 소정근로시간 이내에서 근로시간을 줄이는 경우, 줄어든 근로시간은 부분휴업에 해당하고 사용자 귀책사유가 있으면 휴업수당이 발생합니다.

<예시>

- 소정근로시간은 줄이지 않고 일부 근로시간을 단축한 경우

  [소정근로 8시간 → 근무 4시간 / 단축 4시간(부분휴업)]

- 소정근로시간은 1일 8시간으로 유지한 채 실근로시간만 일시적으로 1일 4시간으로 줄이는 경우

  ▶ 소정근로시간중 근무하지 않은 4시간은 휴업에 해당되어 휴업수당 지급의무 발생

  ▶ 임금지급액 = 근무 4시간분 + (근무하지 않은 4시간 × 평균임금 70%)

② 소정근로시간을 줄이고 소정근로시간만 근로하는 경우에는 휴업으로 볼 수 없습니다.

<예시>

- 소정근로시간 자체를 줄이는 경우

  (소정근로 8시간 → 6시간)

- 당초의 소정근로시간인 1일 8시간을 취업규칙 변경 등 근로조건 변경절차를 거쳐 1일 6시간
  으로 줄이는 경우

  ▶ 줄어든 2시간은 소정근로시간이 아니므로 휴업에 해당되지 않음

  ▶ 임금지급액 = 근무 6시간분(근로시간 단축분의 임금삭감은 당사자간 자율 결정사항)

③ 소정근로시간 변경 없이 연장근로시간을 줄이는 경우에는 휴업으로 볼 수 없습
니다.

<예시>

- 연장근로시간을 줄이는 경우

  (근무 10시간 → 8시간으로 단축)

- 당초의 근로시간인 1일 10시간 중 연장근로 2시간을 줄이고 소정근로시간인 8시간만 근무
  하는 경우

  ▶ 줄어든 연장근로 2시간은 소정근로시간이 아니므로 휴업에 해당되지 않음

  ▶ 임금지급액 = 근무 8시간분

행정해석 ⊘

■ 사용자가 경영상의 이유 등으로 법정근로시간을 초과하는 연장근로를 축소 또는 폐지하는
것은 근로조건의 불이익 변경에 해당하지 않으므로 그에 따른 취업규칙 변경시 근로기준법
제94조(규칙의 작성, 변경절차) 단서에 의해 근로자의 집단적 동의를 얻을 필요가 없고 의견만
청취하면 될 것으로 사료됨. (근기 68207-286, 2003.03.13.)

무급휴직에 따른 휴업수당의 지급 여부는?

사례

Q 당사는 회사 특성상 4분기부터는 매출이 없습니다. 작년에는 회사 최소 운영인력만 남기고 퇴사 처리하여 실업급여를 수령하게 해주었습니다. 올해도 4분기부터 내년 1분기까지 매출이 없어서 직원을 어떻게 처리해야 할지 고민입니다. 대표이사는 휴업수당을 지급하기에는 비용 부담이 되니 다른 방법을 강구하라고 하는데, 무급휴직을 하면 휴업수당을 지급하지 않아도 될까요?

A 사용자가 경영상의 이유로 무급휴직을 실시하는 유형은 다음 2가지로 구분될 수 있습니다.

① 근로기준법 舊 제31조 제1항 내지 제3항의 규정을 준수하는 등의 엄격한 요건과 절차에 따라 무급휴직자를 선정하지 아니하고 단지 노사가 무급휴직 실시에 합의한 후, 근로자의 신청에 따라 휴직을 실시하는 경우
② 근로기준법 舊 제31조에서 정한 요건과 절차에 따라 먼저 경영상 해고 대상자를 선정한 후, 해고회피노력의 일환으로 해고대상자에 대해 사용자가 무급휴직을 실시하는 경우

위 '①'의 경우 근로자 대표와 무급휴직 실시에 합의했다 하더라도 개별근로자의 신청 없이 특정근로자에게 휴직을 강제했다면 이는 사실상의 휴업으로서 사용자는 당해 근로자에게 근로기준법 제46조의 휴업수당을 지급하여야 할 것입니다. 그러나 '②'의 경우에 있어서는 선정된 해고대상자를 사용자가 해고할 수 있음에도 해고 대신 무급휴직을 실시한 것으로서 이는 결과적으로 근로자의 무급휴직 신청 여부에 관계없이 근로기준법 제46조의 휴업수당을 지급할 의무가 사용자에게 있다고 보기는 어려울 것입니다.

따라서 무급휴직이 위의 '②'형태로 실시되었다면 사용자가 무급휴직 근로자에 대해 휴업수당을 지급치 않더라도 이를 법위반으로 볼 수 없습니다. (근기 68207-388, 1999.02.13.)

행정해석 ✓

■ 근로기준법 제24조에서 정한 요건과 절차에 따라 선정된 해고대상자에 대한 사용자가 해고를 할 수 있음에도 해고회피노력의 일환으로서 해고대신 무급휴직을 실시한다면 이는 결과적으로 근로자에게 유리한 것으로 보아야 할 것이고 이 경우 휴업수당을 지급하지 않더라도 근로기준법 위반을 아니라고 봄. (근기 68207-780, 2001.03.08.)

휴업기간 상여금 지급 여부는?

Q 당사는 2달에 한 번 상여금을 지급하고 있습니다. 만약 1개월 휴업을 하면 상여금을 어떻게 지급하는 것이 맞나요? 평균임금 70% 기준이면 평균임금에 상여가 포함되어 있기 때문에 지급 안 하는 것이 맞을 것 같기도 한데 통상임금으로 별도 지급해야 하는지? 취업규칙이나 단체협약에는 관련 내용이 없습니다. 법적으로 어떻게 되나요?

A 근로기준법 제46조의 입법취지는 사용자의 귀책사유로 인하여 근로자가 취업할 수 없는 경우에 그 휴업기간 중 평균임금의 100분의 70 이상의 휴업수당(또는 휴업기간 중 통상임금)을 지급하도록 함으로써 근로자의 생활보호에 충실하도록 한 것입니다.

상여금의 지급요건 등에 대하여는 근로기준법에 별도 규정을 두고 있지 아니하므로, 개별 기업의 단체협약·취업규칙 등 관련 규정을 따라 판단하여야 할 것입니다. 휴업기간 중 상여금(성과급) 지급과 관련하여 당사자간 특별히 정한바가 없다면, 휴업기간에 비례하여 상여금 등을 감액 지급하더라도 무방할 것으로 사료됩니다.
(근로조건지도과-535, 2009. 01. 23.)

- 원칙적으로 사용자의 귀책사유로 인하여 근로자가 취업할 수 없는 경우 그 휴업기간 중에는 휴업수당 이외의 별도의 금품을 지급하도록 하는 특별한 규정이나 관행이 있는 경우가 아니라면 근로기준법 제46조에 의한 휴업수당 외에 별도의 금품 지급의무가 있다고 보기는 어려울 것으로 판단됨. (임금근로시간정책팀-963, 2007.03.15.)

- " … 비록 회사의 급여규정상에 재직 중인 전직원에게 상여금을 지급하도록 규정돼 있고 상여금 반납기한이 경과했다 해도 회사가 원고들에 대해 월평균급여액의 70% 상당액을 지급하기로 한 휴업수당 외에 급여규정에 따라 상여금을 지급할 의무는 없다." (서울지법 99가단163593, 2001.02.09.)

최저임금

임금을 월급으로 정한 경우
최저임금법 위반 여부 판단은?

Q 소정근로시간이 1일 8시간, 주 40시간 5인 이상 사업장으로 다음과 같이 임금을 지급할 경우 최저임금에 저촉되는지요?

- 기본급 : 170만원
- 정기상여금 : 기본급의 년간 600%를 매월 분할 지급
- 하계휴가비 : 7월 여름휴가 시 50만원 지급
- 식비 : 매월 10만원
- 교통비 : 매월 3만원
- 고정 OT : 월 20시간

A

1. 최저임금에 산입되는 임금만을 추려냅니다. (최저임금법 제6조 제④항)

- 정기상여금 산입분
  750,000원(기본급의 연간 600%를 12등분 한 금액) - (8,590원 × 209시간 × 20%[2020년 기준])
  = 390,938원
  * 최저임금의 20% 초과한 금액은 포함(2024년 부터 전부 포함)

- 복리후생비 산입분

  130,000원(식비 + 교통비) - {(8,590원 × 209시간) × 5%(2020년 기준)} = 40,235원

  * 최저임금의 5%를 초과한 금액은 포함(2024년부터 전부 포함)

- 하계휴가비

  1월을 초과하여 지급되는 임금으로 최저임금 미산입

- 연장근로수당

  소정근로 외의 임금으로 최저임금 미산입

최저임금 산입 임금(A)		최저임금 적용기준 시간수(B)	시간당 임금(A/B)
기본급	1,600,000	209시간	8,762
정기상여금	90,938		
식비 및 교통비	40,235		
합계	1,831,173		

3. 고시된 최저임금과 비교하여 최저임금 위반 여부를 판단합니다.

[개정 최저임금법령 설명자료 - 고용노동부(2019.01.)]

약정유급휴일 4시간이 있는 경우 최저임금법 위반 여부 판단은?

사례

Q 소정근로시간이 1일 8시간이며 1주 40시간인 5인 이상 사업장으로 소정근로일은 월~금요일입니다. 휴일은 법정주휴일(매주 일요일)과 매주 토요일 4시간입니다.

임금항목은 다음과 같습니다.

- 기본급 : 월 200만원
- 정기상여금 : 기본급의 연 300%를 매월 50만원 지급

A 월급의 시간당 임금 산정 시 약정유급휴일에 대한 임금·시간은 분자(최저임금 산입임금)·분모(최저임금 적용기준 시간 수)에서 모두 제외하는 것이 원칙입니다.

다만, 기존 행정해석과 같이 약정유급휴일에 대한 임금·시간을 분자·분모에서 모두 포함하여 계산하더라도 결과 값은 동일하므로, 편의상 전체 월급을 총 시간(월 통상임금 산정기준 시간수 = 소정근로시간 + 유급으로 처리되는 시간)으로 나누어 시간당 임금을 계산하는 것도 가능합니다.

1. 최저임금 산입분(분자)

- 총시간(월 통상임금 산정시간) : (40시간 + 8시간 + 4시간) × 365 ÷ 7 ÷ 12 = 225.95시간
- 1개월 약정유급휴일시간 : 4시간 × 365 ÷ 7 ÷ 12 = 17.38시간
- 약정유급휴일수당분
  - 기본급 200만원 ÷ 225.95시간 × 17.38시간 = 153,839원
  - 상여금 50 만원 ÷ 225.95시간 × 17.38시간 = 38,460원
- 최저임금 산입분(1,948,639원)
  - 기본급 : 2,000,000원 - 153,839원 = 1,846,161원
  - 상여금 : 500,000원 - 38,460원 - (8,590원 × 209시간 × 20%[2020년 기준]) = 102,478원

2. 최저임금 적용기준 시간 수(분모)

(40시간 + 8시간) × 365 ÷ 7 ÷ 12 ≒ 209시간(208.57시간)

3. 고시된 최저임금과 비교하여 최저임금 위반 여부 판단

1,948,639원 ÷ 209시간 = 9,324원

[개정 최저임금법령 설명자료 - 고용노동부(2019.01.)]

식권 또는 현물 식사 제공이 최저임금에 산입되는지 여부는?

사례

Q 식비를 식권 또는 식사 제공 형태로 지급하는 경우도 최저임금에 산입되는지요? 아울러, 매월 10만원의 식비를 제공하나 구내식당에서 식사를 하면 식비 7만원을 공제하는 경우 최저임금에 산입되는 식비는 어떻게 되는지요?

A 법 제6조 제4항에 따라 통화가 아닌 현물로 제공되는 복리후생비는 최저임금에 산입되지 않습니다.

최저임금 위반 여부는 공제 전의 임금을 기준으로 판단하며, 공제되는 식비는 최저임금 위반 여부 판단 시 고려할 필요가 없습니다.

[개정 최저임금법령 설명자료 - 고용노동부(2019.01.)]

일당 1만원의 식사를 제공하는 경우 최저임금 산입 식비는?

사례

Q 매일 출근마다 일 1만원의 식비를 지급하는 경우 최저임금에 산입되는 식대는 얼마인가요?

A 법 제6조 제4항 제3호 나목은 복리후생비의 '월 지급액' 중 최저시급의 월환산액을 초과한 부분만 최저임금에 산입하도록 규정하였습니다.

따라서 일급의 경우 해당 월의 '월 지급액'에서 최저시급 월 환산액의 5%(2020년 기준)를 뺀 나머지 금액이 최저임금에 산입되는 부분입니다.

■ 일단위로 정해진 복리후생비의 최저임금 산입분 산정 예시[2020년 기준]

매 출근일마다 일 1만원의 식대를 지급하고, 다른 복리후생비는 없는 경우(1일 8시간, 1주 40시간, 해당 월 21일 출근 가정)

☞ 최저임금 산입분 = 식대 210,000원 - [(8,590원 × 209시간) × 5%] = 120,235원

[개정 최저임금법령 설명자료 - 고용노동부(2019.01.)]

근속수당이 최저임금에 포함되는지 여부는?

사례

Q 2년 이상 근속자에게 월 3만원씩 매월 지급하는 근속수당도 최저시급 월 환산액의 20%(2020년 기준)를 초과하는 부분만 최저임금에 산입되는지요?

A 법 시행규칙 제2조 제2항 제1호는 법 제6조 제4항 제2호에 따라 최저시급 월환산액의 일정비율을 초과하는 부분만 산입되는 근속수당을 '1개월을 초과하는 기간에 걸친 해당 사유에 따라 산정하는 근속수당'으로 규정합니다.

근속수당이 매월 지급되나 산정단위가 1개월을 초과하는 경우라면 최저시급 월환산액의 20%(2020년 기준)를 초과하는 부분만 최저임금에 산입되나, 산정단위와 지급주기가 모두 1개월을 초과하지 않는 경우라면 종전과 같이 그 전부가 최저임금에 산입합니다.

따라서 근속수당은 산정단위와 지급주기가 모두 1개월을 초과하지 않으므로 전부 최저임금에 산입됩니다.

[개정 최저임금법령 설명자료 - 고용노동부(2019.01.)]

가족수당이 최저임금에 포함되는지 여부는?

사례

Q 가족수당은 최저임금에 일부 산입되는 복리후생비에 해당하나요?

A 가족수당은 종전 법상 복리후생비로서 최저임금에 산입되지 않으나, 최저임금 산입범위 개편에 따라 2019.1.1부터 최저임금에 산입됩니다(매월 1회 이상 지급되는 경우에 한함).

법 제6조 제4항 제3호 나목이 종전 법에 따라 최저임금에 산입되지 않았던 임금의 일정부분만 최저임금에 산입하도록 제한하여 노동자의 기존 임금을 보존하려는 취지를 고려하면 가족수당도 최저시급 월환산액의 5%(2020년 기준)를 초과하는 부분만 산입되는 복리후생비에 해당하는 임금이라 할 것입니다.

한편, 가족수당 등 가족 수에 관계없이 모든 노동자에게 지급하는 부분은 통상임금에 해당하고, 가족 수에 따라 지급되는 부분은 일률성이 부정되어 통상임금에 해당하지 않으나, 최저임금에서는 이를 구분하지 않고 그 전부가 복리후생비에 해당합니다.

구분	2020년	2021년	2022년	2023년	2024년
현금성 복리후생비	5%	3%	2%	1%	0%

[개정 최저임금법령 설명자료 - 고용노동부(2019.01.)]

정기상여금이 최저임금에 포함되는지 여부는?

사례

Q 정기상여금은 모두 최저시급 월 환산액의 20%(2020년 기준)를 초과하는 부분만 최저임금에 산입되는지요?

A 법 시행규칙 제2조 제2항 제1호는 법 제6조 제4항 제2호에 따라 최저시급 월 환산액의 일정비율을 초과하는 부분만 산입되는 상여금을 '1개월을 초과하는 기간에 걸친 사유에 의하여 산정하는 상여금'으로 규정합니다.

정기상여금이 매월 지급되나, 산정단위가 1개월을 초과하는 경우라면 최저시급 월 환산액의 20%(2020년 기준)을 초과하는 부분만 최저임금에 산입됩니다.

※ 예를 들어 기본급의 연 600%를 매월 분할 지급 → 월 환산액의 20%(2020년 기준) 초과분만 산입

　- 산정단위와 지급주기가 모두 1개월을 초과하지 않는 경우라면 종전과 같이 그 전부가 최저임금에 산입

※ 예를 들어 월 기본급의 10%를 매월 지급, 월 50만원을 매월 지급

한편, 매월 지급되지 않는 정기상여금은 최저임금에 산입되지 않습니다. (법 제6조 제4항)

지급주기	산정단위	최저임금 산입 여부
매월	1개월(월 3만원, 월 기본급의 20%)	전부 산입
	1개월 초과(기본급의 연 500%)	최저시급 월 환산액의 20% 초과분만 산입
1월 초과	무관	미산입

■ 정기상여금의 최저임금 산입분 산정 예시(2020년 기준)

정기상여금 : 기본급의 연 300%를 매월 50만원씩 지급

☞ 최저임금 산입분 : 정기상여금 500,000원 − (8,590원 × 209시간 × 20%[2020년 기준])

= 140,938원

구 분	2020년	2021년	2022년	2023년	2024년
매월 지급 상여금	20%	15%	10%	5%	0%

[개정 최저임금법령 설명자료 - 고용노동부(2019.01.)]

영업실적에 따른 판매수당 지급 시 최저임금 산입 여부는?

사례
Q 당사의 영업직은 실적 판매에 따른 수당을 지급하고 있습니다. 기본급 외에 영업사원의 실적에 따라 지급되는 판매수당(실적에 따라 변동)도 최저시급 월 환산액의 20%(2020년 기준)를 초과하는 부분만 최저임금으로 되는지요? 기본급 인상은 회사에 부담이라 올리지 못하고 있는데 최저임금에 저촉되는지요?

A 다음의 행정해석을 참고하기 바랍니다.

> **행정해석** ✓
>
> ■ 판매실적에 따라 매월 금액이 달라지는 판매수당은 최저임금법 시행령 제5조 제2항에서 정하고 있는 생산고에 따른 임금에 해당된다. (임금정책과-501, 2004.02.14.)
>
> ■ 판매실적에 따라 매월 지급하는 성과급은 최저임금법 시행령 제5조 제2항에서 정하고 있는 생산고에 따른 임금에 해당된다 할 것이다. (근로기준과-592, 2009.12.01.)
>
> ■ '생산고에 따른 임금'은 종전 법에 따라서도 그 전부가 최저임금에 산입되는 임금으로 법 제6조 제4항 제2호 및 법 시행규칙 제2조 제2항 제1호에 따라 월 환산액의 일정비율을 초과하는 부분만 산입되는 상여금에 해당되지 않음. 즉, 전부가 최저임금에 산입. [개정 최저임금법령 설명자료-고용노동부(2019.01.)]

단시간 근로자의 최저임금 적용기준 시간 수 산정 시 주휴시간을 포함하는지요?

사례

Q 법정 주휴일을 부여하지 않는 1일 2시간, 1주 10시간 일하는 단시간 근로자의 최저임금 적용기준 시간 수에도 주휴시간을 합산하나요?

A 근로기준법 제18조에 따라 법정 주휴일이 발생하지 않는 단시간 근로자에 해당하여 법정 주휴수당을 지급하지 않는 경우라면 '법정 주휴일에 따라 유급으로 처리되는 시간'이 없기 때문에 최저임금 적용기준 시간 수에서 주휴시간이 제외됩니다.

■ 15시간 미만 단시간 근로자 최저임금 적용기준 시간 수 산정 예시

   1일 2시간, 1주 10시간 근로하고 월 50만원을 받는 단시간 근로자의 경우(약정유급휴일 없음)

   • 최저임금 적용기준 시간 수 = 10시간 × 365일 ÷ 7일 ÷ 12일 ≒ 43.45시간

   • 시간당 임금 : 500,000원 ÷ 43.45시간 = 11,507원

[개정 최저임금법령 설명자료 - 고용노동부(2019.01.)]

최저임금과 통상임금의
관계가 어떻게 되나요?

사례

Q 통상임금의 범위에 최저임금이 포함되는지, 아니면 별개의 개념으로 생각해야 하는지요? 통상임금과 최저임금의 차이가 어떻게 되나요?

A 최저임금의 적용을 위한 임금의 범위에 산입하는 임금과 통상임금은 그 취지와 개념이 명백히 상이합니다.

① 최저임금에 산입되는 임금이란 매월 1회 이상 지급되는 임금에서 매월 1회 이상 지급되더라도 최저임금에 산입하지 않는 임금을 제외한 임금을 의미합니다.

② 통상임금이란 근로기준법은 실제 근로시간이나 근무실적 등에 따라 증감·변동될 수 있는 평균임금의 최저한을 보장하고 연장·야간·휴일근로에 대한 가산임금, 해고예고수당 및 연차휴가수당 등을 산정하는 기준임금으로서 '통상임금'을 규정하고 있는데, 이와 같은 '통상임금'은 소정 근로 또는 총 근로의 대상으로 근로자에게 지급되는 금품으로서 정기적·일률적으로 지급되는 고정적인 임금을 의미합니다.

따라서 최저임금은 그 성격상 사전적으로 확정되지 않은 임금도 포함될 수 있음에 비해, 통상임금은 연장근로수당 등의 계산의 기초가 되므로 사전확정이 필요합니다(예시 : 생산고에 따른 임금은 최저임금의 산입범위에는 포함[택시업종 예외]되나, 통상임금에는 포함되지 않음).

　그러나 실질적으로 그 범위가 유사하여 최저임금에 산입하는 임금의 범위를 판단함에 있어 통상임금의 개념을 참고할 수 있을 것입니다. (Point정리 최저임금제 - 고용노동부&최저임금위원회, 2018.01.)

구분	통상임금 요건	최저임금 산입 임금
소정근로 대가	소정근로에 대해 지급하는 임금(소정근로에 대한 대가가 아니면 통상임금 제외)	소정근로의 대가가 아닌 임금으로서 고용노동령이 정하는 임금은 미산입
정기성	1개월을 초과하여 지급하더라도 일정한 간격을 두고 계속 지급	1개월을 초과하여 지급하면 미산입
일률성	소정근로의 가치 평가와 관련된 조건에 달한 모든 근로자에게 지급	고려 안 함
고정성	근로자가 임의의 날에 소정근로를 제공하면 추가조건 충족 여부와 관계없이 당연히 지급될 것이 확정	고려 안 함

[개정 최저임금법령 설명자료 - 고용노동부(2019.01.)]

수습기간 중 최저임금 감액 적용은 어떻게 되는가요?

Q 당사는 수습기간 때 급여 감액을 하려고 합니다. 대상자와 급여 감액률은 얼마로 정해야 하나요?

A

관련 법규 및 고시 ✓

- 최저임금법 제5조(최저임금액) ② 1년 이상의 기간을 정하여 근로계약을 체결하고 수습 중에 있는 근로자로서 수습을 시작한 날부터 3개월 이내인 자에 대하여는 대통령령으로 정하는 바에 따라 제1항에 따른 최저임금액과 다른 금액으로 최저임금액을 정할 수 있다. 다만, 단순노무업무로 고용노동부장관이 정하여 고시한 직종에 종사하는 근로자는 제외한다.

- 최저임금법 제5조제2항에 따른 '단순노무업무로 고용노동부장관이 정하여 고시한 직종에 종사하는 근로자'란 한국표준직업분류 상 대분류 9(단순노무 종사자)에 해당하는 사람을 말한다. (고용노동부고시 제2018-23호, 2018. 3. 19. 제정)

이에 해당하는 직종은 〈91 건설 및 광업 관련 단순노무직〉, 〈92 운송 관련 단순 노무직〉, 〈93 제조 관련 단순노무직〉, 〈94 청소 및 경비 관련 단순노무직〉,

〈95 가사 음식 및 판매 관련 단순노무직〉, 〈99 농림·어업 및 기타 서비스 단순노무직〉이 해당됩니다.

법적으로 최저임금 감액을 적용하기 위해서는 계약기간이 1년 이상이란 점과 수습 중인 근로자이며, 수습기간이 3개월을 초과할 수 없는 경우에 한한다는 점을 주의해야 합니다.

관련 법규 ✓

■ 최저임금법 시행령 제3조(수습 중에 있는 근로자에 대한 최저임금액)

「최저임금법」(이하 "법"이라 한다) 제5조 제2항 본문에 따라 1년 이상의 기간을 정하여 근로계약을 체결하고 수습 중에 있는 근로자로서 수습을 시작한 날부터 3개월 이내인 사람에 대해서는 같은 조 제1항 후단에 따른 시간급 최저임금액(최저임금으로 정한 금액을 말한다. 이하 같다)에서 100분의 10을 뺀 금액을 그 근로자의 시간급 최저임금액으로 한다.

최저임금 관련 사용자의 주지의무와 위반 시 어떤 처벌을 받는지요?

Q 최저임금에 대해 사용자가 주지해야 할 의무와 최저임금 위반시에 사업주는 어떠한 처벌을 받게 되나요?

A 다음의 관련 법조문을 참고하기 바랍니다.

관련 법규 ⊘

■ 최저임금법 제11조(주지 의무)

최저임금의 적용을 받는 사용자는 대통령령으로 정하는 바에 따라 해당 최저임금을 그 사업의 근로자가 쉽게 볼 수 있는 장소에 게시하거나 그 외의 적당한 방법으로 근로자에게 널리 알려야 한다.

■ 최저임금법 시행령 제11조(주지 의무)

① 법 제11조에 따라 사용자가 근로자에게 주지시켜야 할 최저임금의 내용은 다음 각 호와 같다.

　1. 적용을 받는 근로자의 최저임금액

　2. 법 제6조제4항에 따라 최저임금에 산입하지 아니하는 임금

　3. 법 제7조에 따라 해당 사업에서 최저임금의 적용을 제외할 근로자의 범위

　4. 최저임금의 효력발생 연월일

② 사용자는 제1항에 따른 최저임금의 내용을 법 제10조 제2항에 따른 최저임금의 효력발생일 전날까지 근로자에게 주지시켜야 한다.

■ 최저임금법 제28조(벌칙) ① 제6조 제1항 또는 제2항을 위반하여 최저임금액보다 적은 임금을 지급하거나 최저임금을 이유로 종전의 임금을 낮춘 자는 3년 이하의 징역 또는 2천만원 이하의 벌금에 처한다. 이 경우 징역과 벌금은 병과(併科)할 수 있다.

※ 최저임금법 위반과 근로기준법 임금지불 위반의 관계
- 최저임금 이상의 임금을 지급하기로 근로계약을 체결하고 체불상태로 임금지급기일을 넘겼다면 법 제28조(벌칙)는 적용치 않으며 근로기준법 제43조 제2항 위반으로 근로기준법 제109조를 적용함
- 최저임금에 미달하는 임금을 지급하기로 하고 체불상태로 임금 지급기일을 넘겼다면 법 제28조와 근로기준법 제109조를 각각 적용함

통상시급이 최저임금시급보다 낮을 경우가 있나요? 있다면 어떻게 처리해야 하나요?

사례

Q 당사는 포괄임금제를 적용하고 있습니다. 기본급과 제수당을 포함해서는 최저임금에는 미달하지 않으나 기본급 기준으로 통상시급을 산출하면 통상시급이 최저시급보다 낮게 산출되는 일이 있습니다. 최저시급으로 산출하면 되는지요?

A

판례 ✓

■ 최저임금이나 최저임금의 적용을 위한 비교대상 임금은 통상임금과는 그 기능과 산정 방법이 다른 별개의 개념으로 사용자가 최저임금의 적용을 받는 근로자에게 최저임금액 이상의 임금을 지급하여야 한다고 하여 곧바로 통상임금 자체가 최저임금액을 그 최하한으로 한다고 볼 수 없다. 다만 최저임금의 적용을 받는 근로자에게 있어서 비교대상 임금 총액이 최저임금액보다 적은 경우에는 비교대상 임금 총액이 최저임금액으로 증액되어야 하므로, 이에 따라 비교대상 임금에 산입된 개개의 임금도 증액되고 그 증액된 개개의 임금 중 통상임금에 해당하는 임금들을 기준으로 통상임금이 새롭게 산정될 수는 있을 것이다.

최저임금법에서 정한 시급 최저임금액을 기준으로 산정한 연장근로수당 및 야간근로수당과 실제로 지급된 위 각 수당과의 차액의 지급을 구하고 있고, 원심이 최저임금의 적용을 위한 비교대상 임금에 산입된다고 판단한 기본급, 근속수당, 주휴수당 중 기본급, 근속수당만 통상임금에 해당하는 것으로 보인다. 그렇다면 원심으로서는 최저임금법에 의하여 최저임금의 적용을 위한 비교대상 임금 총액이 최저임금액으로 증액됨에 따라 비교대상 임금에 포함된 개개의 임금인 기본급, 근속수당, 주휴수당도 증액됨을 전제로 증액된 개개의 임금 중 통상임금에 해당하는 기본급, 근속수당을 기준으로 통상임금을 새롭게 산정한 다음 새롭게 산정된 통상임금을 기준으로 산정한 연장근로수당 및 야간근로수당과 실제로 지급된 위 각 수당과의 차액의 지급을 명하였어야 할 것이다.

그럼에도 원심은 통상임금의 100분의 50을 가산하여 지급하는 연장근로수당, 야간근로수당을 산정하면서 그 통상임금이 최저임금액보다 적은 경우에는 곧바로 최저임금액을 기준으로 연장근로수당 및 야간근로수당을 산정하여야 한다는 전제에서 위와 같은 방식에 의하지 아니하고 이 사건 연장근로수당 및 야간근로수당은 최저임금법에서 정한 시급 최저임금액을 기준으로 산정되어야 한다고 판단하였고, 원심 판결에는 최저임금과 통상임금의 관계에 관한 법리를 오해하여 필요한 심리를 다하지 아니함으로써 판결에 영향을 미친 잘못이 있다고 하였다. (대법 2014다49074, 2017.12.28.)

따라서 통상임금이 최저임금보다 적을 경우 최저임금을 기준으로 곧바로 법정수당을 산정할 것이 아니라 최저임금을 반영하여 새로 산정된 통상임금 기준으로 산정해야 합니다.

PART 02

급여·압류·원천징수

01

급여정산

특정월 중도 퇴사자의 경우 급여 계산 방법은?

이번 달 중간에 5월 16일(금)에 퇴사하는 직원이 있습니다. 급여 계산 기준이 일요일인 5월 18일까지인지, 실제 퇴사일 기준으로 일할계산해야 하는지요?

A
월급제 임금지급 형태하에서 특정 근무월의 도중에 퇴직하는 근로자에게 당해 근무월의 임금을 전액 지급할 것인지, 아니면 근무일수에 해당하는 임금을 일할계산하여 지급할 것인지는 근로기준법에 명시적인 규정이 없고 노사 쌍방이 정한 바에 따르면 될 것인 바, 취업규칙이나 근로계약 등에서 특정 근무월의 도중에 퇴직하는 근로자에게 당해 근무월의 임금을 전액 지급한다고 규정되어 있지 않는 한 당해 근로자에게 퇴직일까지의 실제 근로일수에 해당하는 임금을 일할계산하여 지급하는 것은 무방합니다. (근로개선정책과-2118, 2011.07.11.)

월급제 근로자가 월의 도중에 퇴사(입사)할 경우 임금 계산방법에 대해 법령상 특별한 규정이 없으므로 일할계산하는 것이 일반적입니다. 월급제 근로자는 당해 월의 대소(28~31일)나 월의 소정근로일수 및 유급휴일수에 관계없이 매월 고정적인 임금을 지급받는 근로자이므로 퇴사 전(입사 후) 소정근로시간을 정상적으로 근로한 경우에는 월급액을 해당월의 역일수로 나누어 계산하는 것이 일반적입니다.

- 일할계산액 = [월급액 ÷ 역일수(해당 월에 따라 28~31일)] × 근무일수

소정근로시간 외에 이루어진 근로에 대해서는 별도의 임금을 산정하여 지급해야 합니다.

예시) A 근로자의 근무기간 : 11.1. ~ 11.16. (월급 200만원)

(200만원 / 30일) × 16일 = 1,066,667원(11월달의 역일수가 30일이므로 30일로 나누어 산정)

위 방식 외에도 '월급액 / 소정근로일(근로일이 아니나 유급으로 처리되는 날 포함) × 근무일수(근로일이 아니나 유급으로 처리되는 날 포함)'로 계신할 수도 있습니다. (고용노동부 고객상담센터, 2015. 10. 12.)

월급제 직원의
시급 계산은 어떻게 하는지요?

사례

Q 당사는 직원 홍길동에게 기본급 200만원, 직무수당 10만원, 자격수당 10만원을 지급하고 있습니다. 연장근로 및 야간근로 시 수당을 지급해야 하는데 시급은 어떻게 되는지요? 참고로 주 5일 사업장으로 토요일은 무급휴무일입니다.

A 위 질의의 경우 홍길동의 통상임금에 포함되는 임금은 정기적·일률적·고정적으로 지급되는 기본급, 직무수당, 자격수당이며, 주 40시간으로 산정기준시간은 월 209시간입니다.

따라서 홍길동의 시급은 220만원 ÷ 209시간 ≒ 10,526원입니다.

24시간 교대 근무하는 경우
급여 지급 항목은?

사례

Q 당사의 경비원은 감시·단속 근로자입니다. 24시간 교대로 근무하며 휴게시간이 점심 1시간, 저녁 2시간인데 지급해야 할 급여수당은 무엇이 있나요?

A 근로기준법 제63조(적용의 제외)에 따라 감시·단속적 근로자는 고용노동부장관의 승인을 받은 경우 근로시간, 휴게, 휴일 등의 규정이 적용되지 않으나, 야간근로수당 및 연차유급휴가 등은 적용됩니다.

구분	적용 규정	미적용 규정
근로시간	-	주 40시간, 연장 12시간 한도
수당	야간근로 가산수당	연장·휴일근로 가산수당, 주휴수당
휴게·휴가	연차유급휴가	휴게시간

(고용노동부 - 감시단속적근로자의 근로·휴게시간 구분에 관한 가이드 라인, 2016.10.)

주 6일 근무 시 급여 계산 기준은?

Q 당사는 5인 이하 사업장으로 주 6일 근무제로 1일 8시간 주 48시간을 근무하고 있습니다. 월급 240만원을 지급받는 직원이 일주일(7일) 근무하고 퇴사하였습니다. 이 경우 급여계산식이 어떻게 되나요?

A 월급 240만원 × {7일 / (28일 ~ 31일)} ≒ 600,000원 또는 541,935원입니다.

시급제·일급제·월급제·단시간 근로자의 근로자의 날 근무 시 수당 지급은?

Q 당사는 회사 특성상 월급제와 시급제 근무자가 있습니다. 근로자의 날(5월 1일)에 근무를 하게 되면 월급제와 시급제 근무자의 경우 수당 지급 배율이 어떻게 되나요?

A 1. 시급제(일급제) 또는 월급제 근로자의 근로자의 날 적용 관련

① 1일 단위 또는 시간 단위로 임금을 계산하여 매월 지급하는 일급제 또는 시급제 근로자인 경우

당해 사업(장)의 통상의 1일 근로를 제공하였을 때 지급해야 할 임금을 지급하고 휴일을 부여해야 할 것이며, 만일, 유급휴일인 근로자의 날에 근로를 제공하는 경우에는 근로제공이 없더라도 지급받을 수 있었던 임금(100%)에 근로기준법 제56조의 규정에 의한 휴일근로가산임금(150%)을 추가 지급하여야 할 것입니다.

다만, 매월 고정적인 임금을 지급받는 월급제 근로자에게는 당해 월의 소정근로일수나 유급휴일수 또는 근로자의 날이 월요일에서 일요일 사이의 어느 날에 속하는지에 관계없이 소정의 월급금액을 지급하면 될 것입니다. (근로기준과-848, 2004.04.29.)

② 일급제 형태로 근로자를 고용한 경우

근로자의 날(5월 1일)은 '근로자의 날 제정에 관한 법률'에 의하여 근로기준법에

의한 유급휴일로 하도록 규정하고 있으며, 근로자의 날 제정 취지는 근로자들의 노고를 위로하고, 근무의욕을 높이기 위한 것으로 근로기준법의 적용을 받는 근로자에게 부여하는 주휴일과 같이 법정휴일이므로 해당 일에 근로 제공이 없더라도 임금을 지급하여야 합니다. (근로개선정책과-1113, 2011.05.04.)

2. 단시간 근로자의 근로자의 날 적용 관련

① 「근로자의 날 제정에 관한 법률」은 '5월 1일을 근로자의 날로 하고, 이날을 「근로기준법」에 의한 유급휴일로 한다.'고 규정하고 있습니다. 이때, 유급휴일이라 함은 근로를 제공하였더라면 지급받을 수 있었던 금액을 지급받으면서 근로제공의 의무는 없는 것으로 정하여진 날을 의미합니다.

② 「근로기준법」 제18조 제3항은 1주 소정근로시간이 15시간 미만인 단시간 근로자에 대하여 같은 법 제55조의 주휴일 적용을 제외하는 것으로서 근로자의 날 적용을 배제하는 것으로 보기는 어렵습니다. 따라서, 단시간 근로자의 경우에도 근로자의 날이 근로계약 기간 내에 있는 경우 유급휴일이 보장되어야 할 것입니다. (근로기준정책과-4361, 2015.09.10.)

③ '근로자의 날(5월 1일)'은 근로기준법의 적용을 받는 근로자에게 부여하는 주휴일과 같이 법정휴일이므로 해당 일에 근로제공이 없더라도 임금을 지급해야 할 것입니다. (근로개선정책과-2571, 2012.05.09.)

3. 예시

① 정직원이 5월 1일 8시간 일한 경우 통상임금의 150%, 8시간 초과해서 근무하면 통상임금의 200% 지급하되(근기법 제56조 제2항),

② 아르바이트생의 경우 5월 1일 6시간 일한 경우 근로제공이 없더라도 지급해야 하는 통상임금의 100%와 휴일근로에 대한 통상임금의 150%를 함께 지급해야 합니다.

급여 인상 시점 변경 시 소급 여부는?

사례

Q 당사는 매년 1월에 급여 인상을 히다가 급여 인상 시기를 3월로 변경하려고 합니다. 급여 인상 시기를 변경하게 되면 1월 급여부터 반드시 소급해서 지급해야 하나요?

A

행정해석 ✓

- 노사 당사자간 임금을 인상하기로 임금협약을 체결하면서 그 협약의 효력을 일정기간 소급하도록 정한 경우 소급에 따른 임금인상분에 대하여는 노사 당사자간 미리 지급시기를 정해 지급하는 것이 바람직할 것이나 별도의 지급기일을 정하지 아니한 경우에는 임금협약체결일로부터 그 효력이 발생된다고 볼 수 있을 것이므로 협약체결 이후에 최초 도래하는 임금정기지급일까지 소급 인상분을 지급해야 할 것으로 사료됨. (노사지원과-5624, 2006.10.19.)

- 단체협약(임금협약) 또는 취업규칙은 당사자간 특약이 없는 한 체결(개정) 당시 재직 중인 근로자에게만 그 체결(개정)시점부터 효력이 발생되는 것이 원칙임. 즉, 보수규정 개정 등을 통해 임금인상률을 결정하면서 이를 임금인상 결정일 이전으로 소급하여 적용되는 경우라 하더라도 동 임금인상 결정일 이전에 퇴직한 근로자에게는 당사간의 특약이 없는 한 인상된 임금이 적용될 수 없는 것임.

따라서 임금인상률이 퇴직금 중간정산일 이전으로 소급하여 적용되는 경우라 하더라도 임금인상 결정일 이전에 퇴직금 중간정산을 시행한 경우라면 당사간의 별도 특약(당사자 간의 합의)이 없었다면 이미 법률효과가 완성된 퇴직금 중간정산 금액, 즉 평균임금을 다시 산정하여 지급할 의무는 없는 것으로 보아야 할 것임. (임금 68207-523, 2002.07.24.)

- 단체협약 또는 취업규칙은 체결 당시 재직 중인 근로자에게만 그 효력이 발생하는 것이며, 근로계약관계는 퇴직과 동시에 종료되는 것이므로 보수규정 개정 등으로 임금인상율을 임금인상 결정일 이전으로 소급하여 적용하는 경우라 하더라도 그러한 규정은 원칙적으로 재직 중인 근로자에 대하여만 효력이 있는 것으로, 단체협약·취업규칙·보수규정·근로계약 등에 특약이 없는 한 임금인상 결정일 이전에 퇴직한 근로자에게는 인상된 임금이 적용될 수 없다는 것이 대법원 판례나 행정해석의 입장임. 따라서 임금인상 결정일(소부규정 개정 승인일) 이전 퇴직 근로자에 대해 소급인상분을 적용하려면 별도의 특약을 규정하여야 함. (근기 68207-1877, 1995.11.21.)

따라서 노사간 단체협약 또는 취업규칙에 별도의 소급 인상 시기를 정하였다면 그에 따르면 될 것입니다. (다만, 최저임금은 제외)

근무하지 않고 OJT 기간에 중도퇴사한 경우 급여 계산은?

사례

Q 6월 11일에 입사하고 6월 20일에 퇴사한 직원이 있습니다. 입사하고 나서 근무는 안 하고 OJT교육을 6월말까지 진행하기로 하였습니다. 이 경우 근무가 아닌 교육인데 어떻게 해야 하는지요? 연차도 없어서 하루 결근한 날은 어떻게 해야 하는지요?

A

■ 사용자가 의무적으로 실시하도록 되어 있는 각종 교육을 실시하는 경우 그 시간은 근로시간에 포함 가능하나, 노동자 개인적 차원의 법정의무이행에 따른 교육 또는 이수가 권고되는 수준의 교육을 받는 시간은 근로시간으로 보기 어려움.
직원들에게 교육 이수의무가 없고, 사용자가 교육 불참을 이유로 근로자에게 어떠한 불이익도 주지 않는다면 이를 근로시간으로 볼 수는 없을 것임. 아울러, 사용자가 동 교육에 근로자의 참석을 독려하는 차원에서 교육수당을 지급하였다고 하여 근로시간으로 인정되는 것은 아님. (근로개선정책과-798, 2013.01.25.)

■ 근로시간은 근로자가 사용자의 지휘·감독 하에 근로계약상의 근로를 제공하는 시간을 말함. 귀 질의 상 교육의 경우 방문건강관리사업에 종사하는 전문인력은 반드시 이수토록 되

어 있는 점, 교육참석이 사용자의 지시·명령에 의해 이루어진 점 등을 고려할 때, 동 교육시간은 근로시간에 포함됨. (근로개선정책과-2570, 2012.05.09.)

- 사용자가 근로시간 중에 작업안전, 작업능률 등 생산성 향상, 즉 업무와 관련하여 실시하는 직무교육과 근로시간 종료 후 또는 휴일에 근로자에게 의무적으로 소집하여 실시하는 교육은 근로시간에 포함되어야 할 것임. (근기 01254-14835, 1988.09.29.)

따라서 연차가 없어서 결근한 날은 취업규칙 및 단체협약에 정한 바가 없다면 무급으로 처리하여도 무방합니다.

급여에서 과태료 공제 여부는?

Q 당사에 법인차량이 있는데 운전자가 주정차 위반이나 과속 등의 이유로 과태료가 나오는 경우가 왕왕 있습니다. 해당 직원의 급여에서 과태료를 공제 후 급여를 지급하려고 하는데 가능한지요?

A

> **판례** ✅
>
> - 근로기준법 제43조 제1항 본문에서 '임금은 통화로 직접 근로자에게 그 전액을 지급하여야 한다.'라고 규정하여 이른바 임금 전액지급의 원칙을 선언한 취지는 사용자가 일방적으로 임금을 공제하는 것을 금지하여 근로자에게 임금 전액을 확실하게 지급 받게 함으로써 근로자의 경제생활을 위협하는 일이 없도록 그 보호를 도모하려는 데 있다.
> 사용자가 근로자에 대하여 가지는 채권을 가지고 일방적으로 근로자의 임금채권을 상계하는 것은 금지된다고 할 것이지만, 사용자가 근로자의 동의를 얻어 근로자의 임금채권에 대하여 상계하는 경우에 그 동의가 근로자의 자유로운 의사에 터 잡아 이루어진 것이라고 인정할 만한 합리적인 이유가 객관적으로 존재하는 때에는 근로기준법 제43조 제1항 본문에 위반하지 아니한다고 보아야 할 것이고, 다만 임금 전액지급의 원칙의 취지에 비추어 볼 때 그 동의가 근로자의 자유로운 의사에 기한 것이라는 판단은 엄격하고 신중하게 이루어져야 한다. (대법 2001다25184, 2001.10.23.)

따라서 과태료 등을 임금에서 공제할 경우에도 본인 동의가 없는 경우에는 원칙적으로 전액 지급해야 합니다.

월급제인 경우 주휴수당이 포함되는 건가요?

사례

Q 당사는 건설업으로 상용근로자 노동조합비를 기본급에서 일괄 공제하고 있습니다. 전임자가 만든 급여테이블을 보면 기본급과 주휴수당이 분리되어 있는데 기본급에 주휴수당이 포함되어야 하는 것 아닌지요?

A 근로자에 대한 임금을 월급으로 지급할 경우 월급 통상임금에는 舊 근로기준법 제45조 소정의 유급휴일에 대한 임금도 포함됩니다. 여기서 월급이라 함은 임금이 월단위로 결정되어 월의 근로일수나 근로시간의 많고 적음에 관계없이 일정한 임금이 지급되는 임금형태를 뜻합니다. (대법 93다32514, 1994.05.24.)

근로자에 대한 임금을 월급으로 지급할 경우 그 월급에는 舊 근로기준법 제45조 소정의 유급휴일에 대한 임금도 포함됩니다. (대법 97다28421, 1998.04.24.)

행정해석은 계속적으로 주·월급에는 법정 주휴수당이 포함되어 있으므로, 시급 환산시 이를 나누는 시간에도 법정 주휴시간을 포함하도록 하고 있습니다. 유급처리된 임금이 포함된 주급 또는 월급 금액을 시간급 임금으로 환산하는 경우에는 해당 임금 산정기간의 소정근로시간에 유급처리되는 시간을 합산합니다. (최저임금제도 업무처리지침, 2007.11.26.)

단시간 근로자의 주휴수당 산정 방법은?

Q 2일간 단기간 아르바이트생을 고용하려고 합니다(1일 8시간 2일). 이 경우 단시간 근로자로 주휴수당이 발생하는지요?

A 『근로기준법』 제2조 제1항 제8호에 따라 단시간 근로자는 1주간의 소정근로시간이 당해 사업장의 동종 업무에 종사하는 통상근로자의 1주간 소정근로시간에 비해 짧은 근로자를 말하며, 같은 법 제18조 제3항에 의거 4주간(4주간 미만으로 근로한 경우는 그 주간) 동안을 평균하여 1주간 소정근로시간이 15시간 이상인 경우 주휴일 규정이 적용되나 1주간 소정근로시간이 15시간 미만인 경우에는 주휴일이 적용되지 않습니다.

위 질의와 관련 소정근로일이 불연속적인 단시간근로자의 주휴일 적용은 일용직 근로자인지 관계없이 당해 근로자의 고용관계가 지속되는 한 주휴일 적용의 산정사유가 발생한 날을 기준으로 위 원칙에 따라 판단하면 될 것으로 사료됩니다. 다만, 주휴일의 부여 목적이 1주간의 근로로 인하여 축적된 근로자의 피로회복 등을 위한 것인 바, 주의 전부를 출근하지 아니한 경우에는 이를 부여하지 않아도 될 것입니다.

(근로개선정책과-3091, 2014.05.28.)

무급 반차 시 주휴수당 지급 여부는?

사례

Q 직원이 연차를 전부 사용해서 무급 연차가 아닌 무급 반차를 사용하려고 합니다. 만근이 조건인데 무급 반차를 사용할 경우 만근에 해당하는지요?

A 다음의 행정해석과 판례를 참고하기 바랍니다.

행정해석 및 판례 ✓

- 근로기준법 제55조에서 말하는 주휴일은 1주일간의 소정근로일수를 개근한 자에게 유급으로 매주 1회 이상 주어야 합니다. '개근'이란 근로제공 의무가 있는 소정근로일에 결근하지 않는 것을 의미합니다. (근로기준과-3204, 2005.06.16.)

- 조퇴·지각 등의 사유로 소정근로일의 근로시간 전부를 근로하지 못하였다하더라도 주휴일 및 연·월차유급휴가 산정시 이를 결근으로 처리할 수 없다고 사료됨. (근기 68207-1564, 2002.04.16.)

- 근로기준법상 '결근'의 개념에 관하여 규정한 바는 없으나, 일반적으로 결근일이란 법령의 범위 내에서 노사 당사자가 근로를 제공하기로 정한 날인 '소정근로일'에 근로자가 임의로 근로를 제공하지 아니한 날을 의미한다고 볼 수 있을 것입니다. (근로기준과-4336, 2004.08.18.)

- 근로제공 의무가 없는 법정휴일(주휴일 등) 또는 약정휴일에 대하여는 원칙적으로 이를 결근으로 처리할 수는 없으나, 단체협약 또는 취업규칙에 의하여 출근의무가 명시되어 있는 날(교대제 근무시 휴일근로로 인정해주는 근무일 등)에 결근시 이를 결근으로 처리할 수 있을 것임. (근기 68207-218, 2003.02.24.)

- 주휴일 산정을 위한 출근율은 소정근로일을 가지고 계산하여야 하고, 여기서 소정근로일은 근로제공의무가 있는 날을 말함. 따라서 근로기준법에 의한 연차유급휴가를 사용한 날은 근로의무가 면제되어 소정근로일에 해당하지 아니하므로 주휴일 산정은 연차휴가를 사용한 날을 제외한 나머지 소정근로일을 개근한 경우 부여하되, 다만 해당 주의 전부를 쉬었을 경우는 부여할 필요가 없다 할 것임. (근로조건지도과-3102, 2008.08.08.)

- 주휴일, 연차 유급휴가부여 시 그 판단기준이 되는 출근율을 산정함에 있어 법령 또는 약정에 의한 휴일은 출근율 산정 대상이 되는 소정근로일수에서 제외됨. 다만, 월 만근제를 채택하고 있는 사업장에서 월 근로일수에 포함시키는 조건으로 유급휴일 근무를 편성한 경우라면 동 유급휴일에 출근함으로써 소정근로일을 개근한 것으로 볼 수 있는 경우도 있을 것임. 조퇴·지각 등의 사유로 소정근로일의 근로시간 전부를 근로하지 못하였다 하더라도 주휴일 및 연차 유급휴가 산정시 이를 결근으로 처리할 수 없음. (근기 58207-1564, 2004.04.15.)

- 주급제 혹은 월급제에서 지급되는 유급휴일에 대한 임금인 주휴수당은, 소정의 근로에 대해 매월 1회 이상 정기적으로 지급되는 임금이다. (대법 2014다44673, 2018.06.19.)

- 따라서 유급주휴일은 법령, 단체협약, 취업규칙 등에서 정한 근로일을 단위로 하여 그 소정근로일을 개근하면 발생하는 것이지 1일 소정근로시간을 전부 근로하여야만 되는 것은 아니라고 사료됨. (임금근로시간정책팀-1689, 2006.07.10.)

- 1일 소정근로시간 중의 일부시간을 파업한 경우에 있어서 유급 주휴일과 같이 연·월차휴가의 출근율 산정 시 결근으로 볼 수는 없을 것으로 사료되며, 소정근로일의 근로시간 전부를 적법하게 파업한 경우라면 출근율 산정 시 소정근로일수 계산에서 제외됨. (근기 68207-709, 1997.05.30.)

시급제 아르바이트 직원이 지각해도 급여 전부를 지급해야 하나요?

Q 당사에 아르바이트 직원이 있습니다. 30분 지각을 했는데 근로계약서에 지각하면 급여를 차감한다는 내용이 없기 때문에 지각을 해도 전액 지급해야 하는 것이 맞나요? 급여 공제가 가능한지요?

A

행정해석 ✓

■ 시업시간이 정해져 있음에도 근로자가 이를 준수하지 않고 지각을 하는 경우 당사자간에 당일의 시업 및 종업시간을 변경하지 않았다면, 회사의 입장에서는 지각으로 인하여 근로를 제공하지 못한 시간에 대한 임금을 공제할 수 있고, 또한 단체협약이나 취업규칙 등에서 규정한 바에 따라 근무성적 불량 등에 대한 제재조치를 취할 수는 있을 것으로 사료됨. (근기 68207-3181, 2000.10.13.)

■ 근로기준법 제55조 및 동법 시행령 제30조에 따르면 사용자는 1주일을 개근한 근로자에 대하여는 1일의 유급휴일을 주어야 하는바, 이 때 '개근'이란 근로제공의 의무가 있는 소정 근로일에 결근하지 않는 것을 의미함. 따라서 1주간의 지각 또는 조퇴시간을 합산하여 8시간이 되더라도 지각 또는 결근이 아니므로 1일을 결근처리 하여 개근일수에 영향을 줄 수는 없다고 사료됨. (근로기준과-4450, 2009.12.23.)

사업장마다 지각시 임금을 어떻게 공제할지 여부는 다를 수 있으나, 실제 지각한 시간보다 더 많은 시간을 임금에서 공제하는 것은 법 위반이 됩니다.

- 예시) 30분 지각 시 시급 1만원인 경우 : 1만원 × (30분 / 60분) = 5천원 공제 가능
- ☞ 5천원을 초과하여 임금을 공제하면 법 위반이 되며, 5천원 미만으로 공제하는 것은 무방함. (고용노동부 고객상담센터)

따라서 근로계약서에 없더라도 구두나 관행으로 시업시간이 있다면 급여를 차감할 수 있습니다. 다만, 지각한 만큼의 시간에 대하여 임금에서 차감은 가능하지만 그 이상의 차감은 임금체불 또는 감급의 제재 위반(법 제95조)에 해당할 수 있습니다. 또한 지각한 시간과 상관없이 지각 3회는 결근 1일로 명시하여 해당 근로의 임금 및 주휴수당 등이 공제된다면 법 위반이 됩니다.

육아기근로시간 단축제도를 실시할 경우 임금지급 산정 기준은?

Q 당사는 육아기근로시간 단축제도를 실시하였습니다. 기본급, 직급수당, 식대, 연장근로수당을 포괄연봉으로 지급하고 있습니다. 10시간 단축한 주 30시간 육아기근로시간 단축제도를 신청했는데 임금지급 기준을 어떻게 해야 하나요? 기본급에서 줄어든 시간만큼 차감을 해야 하는지, 통상임금을 기준으로 해야 하는지, 평균임금으로 해야 하는지요?

A

> **행정해석** ✓

> ■ 남녀고용평등과 일·가정 양립지원에 관한 법률 제19조의2 제5항에 따라 육아기 근로시간 단축을 이유로 해당 근로자에게 해고나 그 밖의 불리한 처우를 하여서는 아니 되고 또한 같은 법 제19조의3 제1항에 따라 근로시간에 비례하여 적용하는 외에는 육아기 근로시간 단축을 이유로 불리하게 하여서는 아니 된다고 규정되어 있으므로 각종 수당 및 급여의 지급 기준이 되는 임금의 범위가 통상임금인지 평균임금인지는 별론으로 하고, 기본급 및 각종 수당·급여 등에 있어서 근로시간단축을 하는 근로자가 근로시간 단축 전 지급받았던 기본급 및 각종 수당·급여 등과 비교해 근로시간에 비례하여 적용하는 것 외에 결과적으로 불리한 처우를 받아서는 안 됨. (여성고용정책과-742, 2015.03.24.)

■ 임금 항목 중 근로시간에 비례해서 줄어들어야 하는 임금 항목 외에 다른 항목이 줄어
  드는 것은 허용되지 않습니다. 예를 들어 주5일제로 40시간 근무하던 근로자가 주 5일
  제로 20시간 근무하게 될 경우 교통비는 줄어들 수 없다고 사료됩니다. (여성고용과-284,
  2008.06.10.)

위 질의에 따르면 총 급여가 300만원이라면 육아기근로시간 단축에 따른 급여
지급액은 다음과 같습니다.

• 300만원 × (30시간 / 40시간) = 225만원

육아기근로시간 단축자의 연차휴가 부여는?

사례

Q 육아기근로시간 단축에 들어간 직원의 연차휴가 부어 기준은 어떻게 되나요?

A 육아기근로시간 단축을 하는 근로자에 대하여 임금, 연차휴가 등에 대해서 근로시간에 비례하여 적용하는 경우 외에는 근로조건을 불리하게 할 수 없도록 규정하고 있습니다.

여름휴가의 경우 연차휴가에서 쓰는 것이라면 다음 해의 연차휴가에 영향을 미칠 수 있을 것입니다. 연차휴가는 '근로기준법 시행령 별표2의 단시간 근로자의 근로조건 결정기준 등에 관한 사항 제4항 나호'에 따라 부여해야할 것입니다.

※ 단시간 근로자 연차유급휴가 계산 방식

☞ 통상 근로자의 연차휴가일수 × $\dfrac{\text{단시간 근로자의 소정근로시간}}{\text{통상 근로자의 소정근로시간}}$ × 8시간

휴일이 있는 해당 주에
주휴수당 지급 여부는?

Q 근로계약서의 휴일은 주휴일과 근로자의 날입니다. 법정공휴일은 근로계약서의 휴일은 아니지만 법정공휴일은 모두 쉬고 있습니다. 개천절, 한글날도 법정공휴일 이기 때문에 출근하지 않습니다. 10월 3일, 10월 9일이 있는 주에는 회사에서 쉬기 때문에 출근을 하지 않아 개근을 한 것으로 볼 수 없기 때문에 주휴수당을 지급하지 않아도 되나요?

A 약정휴일은 소정근로일수에서 제외하기 때문에 결근으로 간주하지 않고, 출근한 것으로 간주하여 주휴수당을 지급해야 합니다.

「연차유급휴가 등의 부여시 소정근로일수 및 출근 여부 판단기준」(임금근로시간정 책팀-3228, 2007.10.25.)에 따르면 다음과 같습니다.

■ 법령 또는 약정에 의한 휴일 : 소정근로일수 계산에서 제외

소정근로일은 법령의 범위 내에서 근로자와 사용자가 근로하기로 정한 날을 의 미합니다. 따라서 근로자와 사용자가 법령상 사전에 근로하기로 정할 수 없거나 또 는 약정에 의하여 사전에 근로하지 않기로 한 다음의 날은 소정근로일수를 계산함 에 있어 이를 제외합니다.

① 근로기준법에 의한 주휴일

② 근로자의 날 제정에 관한 법률에 의한 근로자의 날

③ 취업규칙 또는 단체협약 등에 의한 약정휴일

④ 기타 이상의 날에 준하여 해석할 수 있는 날 또는 기간

주의 중도 입·퇴사자의 주휴수당 지급 여부는?

Q 금요일에 퇴사 예정인 직원이 있습니다. 중도 퇴사자에 대해 28일이 금요일인 경우 30일(일)까지 계산해서 주휴수당을 지급해야 하는지요?

A

판례 및 행정해석 ✓

- 근로자가 1주간의 근로계약으로 소정근로일수를 개근하고 퇴사하여 계속근로하지 못한 경우에는 평상적 근로관계에 있지 않으므로 주휴일이 발생하는 것으로 보기 어렵다고 판단됨. (근기 68207-1257, 2000.04.25.)

- 주휴일 및 월차유급휴가 부여 요건을 충족하였으나, 주휴일 발생 및 유급휴가 청구권 발생일 이전에 근로관계가 종료된 경우에는 주휴일 및 월차유급휴가 청구권은 발생하지 않는다고 할 것임. (근로기준과-1186, 2005.03.03.)

- 근로기준법상 휴일제도는 연속된 근로에서의 근로자의 피로회복과 건강회복 및 여가의 활용을 통한 인간으로서의 사회적·문화적 생활의 향유를 위하여 마련된 것이다. 나아가 '유급휴일'이란 휴일제도의 취지를 살려 근로자가 이를 충분히 활용할 수 있도록 하여 주기 위하여 임금의 지급이 보장되어 있는 휴일, 즉 휴식을 취하더라도 통상적인 근로를 한 것처럼 임금이 지급되는 날을 말하는 것이다. 이러한 휴일 및 유급휴일 제도를 근로기준법에 규정한 목적에 비추어 보면, 근로의 제공 없이도 근로자에게 임금을 지급하도록 한 유급휴일의 특

> 별규정이 적용되기 위하여는 평상적인 근로관계, 즉 근로자가 근로를 제공하여 왔고, 또한 계속적인 근로제공이 예정되어 있는 상태가 당연히 전제되어 있다고 볼 것이다. (대법 2011다39946, 2013.11.28.)

주 5일(월~금) 사업장에서 특별한 규정이 없다면 일요일을 주휴일로 볼 수 있으며, 2020.7.1.(수) 입사한 근로자는 1주를 개근한 것이 아니므로 2020.7.5.(일)에 대해 주휴수당을 지급하지 않아도 무방합니다. 다만, 해당근로자가 퇴직하는 주의 화요일까지 근로하게 되면 1주의 소정근로일을 개근한 것이 되므로 추가로 주휴수당 1일분을 지급하여야 합니다(입사하는 주와 퇴사하는 주의 근무일을 합산하여 5일이 되고 개근하였다면 1일의 주휴수당 지급).

- 2020.7.1.(수) 입사자가 7.5(월)까지 개근하고 퇴사하는 경우 → 주휴수당 미지급

- 2020.7.1.(수) 입사자가 7.7(화)까지 개근하고 퇴사하는 경우 → 주휴수당 1일분 지급

- 2020.7.1.(수) 입사자가 7.31(금)까지 개근하고 퇴사하는 경우 → 주휴수당 4일분 지급(만 4주 이상)

- 2020.1.1.(목) 입사자가 6.30(화)까지 개근하고 퇴사하는 경우 → 1.4(일)에 대해 주휴수당을 지급하였다면 6.28(일) 주휴수당은 미지급

(고용노동부 고객상담센터)

따라서 28일(금) 퇴사자의 경우 주휴수당을 지급하지 않아도 무방합니다.

연장근로한 경우 분, 초 단위까지 계산해서 지급해야 하나요?

사례

Q 당사는 초과근무 및 휴일근무가 많습니다. 연장근로신청서를 기반으로 수당을 지급하고 있는데 출·퇴근기록에 따라 모든 초과분을 분 단위로 설정하여 수당을 지급하고 있습니다. 출·퇴근기록에 찍힌 분 단위 모두 합산하여 지급하고 있는데 업무 처리하는 입장에서 비효율적이라고 생각합니다. 30분 단위 산정이나 1일 1시간 이상인 경우 분 단위 합산 같은 방법으로 적용하여도 되는지요?

A 근로기준법 제56조에서 사용자는 연장근로(제53조·제59조 및 제69조 단서에 따라 연장된 시간의 근로를 말함)에 대하여는 통상임금의 100분의 50 이상을 가산하여 근로자에게 지급하여야 합니다.

연장근로 등의 근로시간 계산을 할 때 시간이나 분·초 단위로 계산하여야 하는지에 대해서는 법령상 규정하고 있지는 않습니다. 다만, 근로기준법의 취지상 사용자는 실근로시간에 상응하는 임금을 지급할 의무가 있으므로, 출근부 등을 통해 분 단위 혹은 초 단위까지 근로시간의 계산이 가능한 경우라면 분 단위 혹은 초 단위로 근로시간을 산정하여 지급함이 타당할 것으로 사료됩니다. (고용노동부 고객상담센터)

고용노동부는 보도자료(2016.11.08.)를 통해 국정감사에서 문제된 패밀리 레스토랑 애○○ 15개 매장의 근로조건에 대한 1차 조사결과 '분 단위 미계산 근로시간에 대한 임금' … 등 법 위반이 다수 확인되어, 고용노동부는 감독결과 연장수당 미지급 등 반복적인 금품 관련 위반사항이 확인되면 시정 지시 없이 곧바로 사법처리 절차를 진행하고 법 위반사항을 시정토록 한다는 입장이었습니다.

무급휴(무)일인 토요일이 약정휴일과 중복된 경우 수당 지급 여부는?

Q 당사 사업장은 토요일이 무급휴무일입니다. 고용노동부 행정해석을 보면 무급휴일인 토요일과 취업규칙에 규정된 유급휴일이 중복되었을 경우 중복된 날은 유급휴일로 본다고 하였습니다. 그렇다면 토요일이 약정휴일(명절)인 경우 수당을 더 주어야 하는지요?

A

행정해석 ✓

- 법원은 월급이라 함은 임금이 월단위로 결정되어 월의 근로일수나 근로시간의 많고 적음에 관계없이 일정한 임금이 지급되는 임금 형태를 뜻하며(대법 93다32514, 1994.05.24.), 근로자의 임금을 월급으로 지급할 경우 월급 통상임금에는 소정의 유급휴일에 대한 임금이 포함된다고 판시하고 있습니다. (대법 97다28421, 1998.04.24.)

  또한, 우리부 행정해석도 유급휴일이 휴무일인 경우 매월 고정적인 임금을 지급받는 월급제 근로자에게는 소정 월급액을 지급하면 되는 것으로 회시한바 있습니다. (근로기준과-2156, 2004.04.30.)

  따라서 질의와 같이(약정휴일의 휴무일 중복시 휴일수당 지급 관련) 매월 고정적인 임금을 지급받는 월급제 근로자인 경우 별도 정함이 없는 한 당해 월의 소정근로일수나 유급휴일수 또는 유급휴일이 어느 날에 속하는지에 관계없이 소정의 월급 금액을 지급하면 될 것입니다. (근로

기준과-2116, 2004.04.29.등 참조) (근로기준정책과-2677, 2016.04.21.)

- 1일 단위의 일급제 형태로 근로자를 고용하여 사업을 추진하고 있고, 1일 8시간 주5일 근무로 1일 4만원을 지급하고 있는 경우로서 근로기준법 제55조에 따른 휴일은 토요일이고 근로자의 날인 일요일이 무급휴무일인 경우라면 근로자의 날은 법정휴일이고 해당 일에 근로제공이 없더라도 임금을 지급하여야 하므로 당해 사업장의 통상의 1일 근로를 제공하였을 때 지급해야 할 임금(4만원)을 지급하고 휴일을 부여해야 할 것으로 사료됨. (근로개선정책과-1113, 2011.05.04.)

따라서 위와 같이 월급제인 경우라면 수당을 지급해야 할 필요가 없게 되는 것입니다.

02

급여 압류

급여 압류의 한도는 어떻게 되나요?

Q 직원이 은행에서 신용대출을 받았습니다. 최근에 자금이 부족해서 갚지 못하여 급여에 압류가 들어왔습니다. 은행이 압류할 수 있는 금액은 얼마인가요?

A 압류금지채권으로 민사집행법 제246조 제1항 제4호에는 "급료·연금·봉급·상여금·퇴직연금, 그 밖에 이와 비슷한 성질을 가진 급여채권의 2분의 1에 해당하는 금액. 다만, 그 금액이 국민기초생활보장법에 의한 최저생계비를 감안하여 대통령령이 정하는 금액에 미치지 못하는 경우 또는 표준적인 가구의 생계비를 감안하여 대통령령이 정하는 금액을 초과하는 경우에는 각각 당해 대통령령이 정하는 금액으로 한다."로 규정하고 있습니다.

다만, 월급여 금액에 따라 압류범위에 차등이 있습니다. (동법 시행령 제3조, 제4조)

① 월급여가 185만원 이하인 경우에는 전액 압류할 수 없음

② 월급이 185만원 초과 370만원 이하인 경우에는 185만원을 제외한 나머지 금액을 압류할 수 있음

③ 월급이 370만원 초과 600만원 이하인 경우에는 월급여의 1/2을 초과하는 금액을 압류할 수 없음

④ 월급이 600만원 초과인 경우에는 '300만원 + [{(월급여 × 1/2) - 300만원} × 1/2] '을 제외한 나머지 금액을 압류할 수 있음

급여액(만원)	100	185	250	300	370	400
압류가능금액	0	0	65	115	185	200
채무자교부액	100	185	185	185	185	200

급여액(만원)	500	600	700	800	900	1000
압류가능금액	250	300	375	450	525	600
채무자교부액	250	300	352	350	375	400

※ 출처 : 대한민국법원 전자민원센터-절차안내-강제집행-채권강제집행-압류금지채권

「건설산업기본법」에 따른 임금에 대한 압류금지

- 건설업자가 도급받은 건설공사의 도급금액 중 해당 공사(하도급한 공사를 포함)의 근로자에게 지급해야 할 임금에 상당하는 금액에 대해서는 이를 압류할 수 없습니다. (「건설산업기본법」 제88조 제1항)
- 임금에 상당하는 금액은 해당 건설공사의 도급금액 중 산출내역서에 기재된 임금을 합산하여 이를 산정합니다. (「건설산업기본법」 제88조 제2항 및 「건설산업기본법 시행령」 제84조 제1항)
- 건설공사의 발주자(하도급의 경우에는 수급인을 포함)는 위의 임금을 도급계약서 또는 하도급계약서에 명시해야 합니다. (「건설산업기본법」 제88조 제2항 및 「건설산업기본법 시행령」 제84조 제2항)

임금은 근로기준법 제43조에 의거 사용자가 근로자에게 직접 지급하여야 하나, 법원의 판결 등에 따라 직원의 임금채권이 압류된 경우에는 사용자는 채권자인 제3자에게 해당 압류적립금액을 지급해야 합니다.

임금채권에 압류가 경합한 경우 채권에 대한 우선순위는?

Q A 대부업체에서 당사 직원인 甲에 대해 당사에 가압류를 하였습니다. 그 후 가압류에서 본압류로 전이하는 압류 및 추심명령이 당사에 송달되었습니다. 그러나 그 전에 B 은행에서 당사 직원인 甲에 대해 이미 채권압류 및 추심명령이 송달되었습니다. A 업체가 甲에 대해 가압류를 먼저 하였는데 변제 순위는 어떻게 되는지요?

A 민사집행법상 가압류에 대해 우선적 효력이 인정되지 않습니다. 그러므로 A 업체가 가압류를 먼저 했다 하더라도 가압류된 임금채권에 대해 추심명령이 발하여질 수 있으며, 가압류채권자는 배당요구할 권리를 가지게 됩니다. (민사집행법 제247조 제1항, 제148조)

동일한 채권에 대하여 여러 개의 채권압류가 경합된 상태를 압류의 경합 또는 이중압류라고 합니다. 채권압류의 경합이 발생하려면 목적 채권에 관하여 이미 압류의 집행이 된 경우에 다시 압류명령이 내려져야 합니다. 가압류의 집행에도 원칙적으로 강제집행에 관한 규정이 준용되므로, 압류명령과 가압류명령이 중복된 경우에도 이중압류가 됩니다. 압류명령이 선후로 발령된 경우뿐만 아니라 동시에 집행된 경우에도 이중압류에 해당합니다.

임금채권에 중복압류가 있는 경우에는 채권자 평등의 원칙에 따라 우열의 순위가 없다고 하겠습니다.

따라서 제3채무자(회사)는 채권액의 전체를 합산한 금액에서 각 채권자의 채권액에 비례하여 안분배당을 하거나, 채권자들에게 직접 지급하는 대신 그 채무액을 공탁할 수 있고, 공탁을 하였을 경우에는 집행법원에 신고하여야 합니다. (민사집행법 제248조 제1항, 제4항)

위 질의의 경우 가압류에서 본 압류로 전이하는 압류 및 추심명령이 송달되기 전에 B 은행에서 채권압류 및 추심명령이 송달되었으므로, 비록 A 업체가 가압류를 먼저 하였다고 하여도 우선적으로 변제받을 수 없으며, 제3채무자(회사)는 甲의 급료의 1/2 범위 내에서 A와 B에게 안분비례한 금액을 지급하거나 공탁처리해야 합니다.

채권압류 및 추심명령 후 제3채무자는 어떻게 돈을 지급해야 하나요?

사례

Q A 은행은 당사 직원인 甲에 급료에 대해 압류 및 추심명령을 신청하여 법원의 결정을 받았고 제3채무자에게 송달되었습니다. 제3채무자인 회사는 어떻게 처리해야 하는지요?

A 추심명령은 압류채권자에게 채무자(甲)의 제3채무자(회사)에 대한 채권을 추심할 권능을 수여하고, 제3채무자로 하여금 압류채권자에게 압류된 채권액 상당을 지급할 것을 명하거나 그 지급기한을 정하는 것이 아니므로 압류채권자가 직접 제3채무자에게 지급을 요구하여야 합니다. 지급요구의 방식은 직접 제3채무자를 방문하거나 입금 관련 서류 등을 적시한 내용증명을 발송하여 지급을 요구합니다.

"제3채무자가 압류채권자에게 압류된 채권액 상당에 관하여 지체책임을 지는 것은 집행법원으로부터 추심명령을 송달받은 때부터가 아니라 추심명령이 발령된 후 압류채권자로부터 추심금 청구를 받은 다음날부터라고 하여야 한다. (대법 2010다47117, 2012.10.25.)"라고 판시하였으므로 제3채무자는 채권자가 청구한 날로부터 이행을 하여야 합니다. 만약 제3채무자가 지급을 거절하거나 지체하는 경우 압류채권자는 제3채무자를 상대로 추심금 청구의 소를 제기할 수 있습니다.

따라서 해당 급여채권에 압류경합 등의 사유가 있을 경우에는 그 전액을 공탁하는 등의 조치를 취해야 합니다.

퇴직연금에 대한 압류명령의 효력 및 퇴직연금에 대한 압류금지 여부는?

사례

Q 근로자퇴직급여보장법상 퇴직연금에 대한 압류명령의 효력 및 민사집행법 제245조 제1항 제4호에도 불구하고 근로자퇴직급여보장법상 퇴직연금채권 전액에 대하여 압류가 금지되는지요?

A 채무자의 제3채무자에 대한 금전채권이 법률의 규정에 의하여 양도가 금지된 경우에는 특별한 사정이 없는 한 이를 압류하더라도 현금화할 수 없으므로 피압류 적격이 없습니다. 또한 위와 같이 채권의 양도를 금지하는 법률의 규정이 강행법규에 해당하는 이상 그러한 채권에 대한 압류명령은 강행법규에 위반되어 무효라고 할 것이어서 실체법상 효력을 발생하지 아니하므로, 제3채무자는 압류채권의 추심금 청구에 대하여 그러한 실체법상의 무효를 들어 항변할 수 있습니다.

그런데 근로자퇴직급여제도의 설정 및 운영에 필요한 사항을 정함으로써 근로자의 안정적인 노후생활 보장에 이바지함을 목적으로 2005. 1. 27. 법률 제7379호로 '근로자퇴직급여보장법'이 제정되면서 제7조에서 퇴직연금제도의 급여를 받을 권리에 대하여 양도를 금지하고 있으므로 위 양도금지 규정은 강행법규에 해당합니다.

따라서 퇴직연금제도의 급여를 받을 권리에 대한 압류명령은 실체법상 무효이고, 제3채무자는 그 압류채권의 추심금 청구에 대하여 위 무효를 들어 지급을 거절할 수 있습니다.

민사집행법은 제246조 제1항 제4호에서 퇴직연금 그 밖에 이와 비슷한 성질을 가진 급여채권은 그 1/2에 해당하는 금액만 압류하지 못하는 것으로 규정하고 있으나, 이는 '근로자퇴직급여보장법'상 양도금지 규정과의 사이에서 일반법과 특별법의 관계에 있으므로, 근로자퇴직급여보장법상 퇴직연금은 그 전액에 대하여 압류가 금지된다 할 것입니다. (대법 2013다71180, 2014.01.23.)

　그런데 퇴직금이 지급된 계좌가 압류된 경우에 채무자가 위 압류를 취소시킬 수 있는지가 문제가 될 수 있습니다. 법 제246조 제2항에 따르면 동조 제1항 제1호부터 제7호까지에 규정된 금원이 계좌에 이체되는 경우, 채무자의 신청에 따라 그 부분의 압류명령을 취소하여야 한다고 규정하고 있으므로, 제246조 제1항 제5호에 따라 압류가 금지되는 퇴직금 채권이 계좌로 지급된 경우라면, 채무자는 민사집행법 제246조 제2항에 따라 1/2의 범위에서 압류금지의 범위변경신청을 통하여 압류를 취소시킬 수 있을 것입니다.

　법률에 의해 양도가 금지된 채권은 압류대상 적격이 없어 압류명령은 무효이며, 전액 압류가 금지됩니다. (법률에 의해 양도 금지된 '퇴직급여를 받을 권리'는 압류대상 적격이 없어 전액 압류가 금지됨 - 대법 2013다71180, 2014.1.23.)
　『근로자퇴직급여보장법』제7조 제1항에 의해 양도 금지된 퇴직연금 급여채권은 피압류 적격이 없습니다. 따라서 퇴직연금제도에 의해 근로자가 연금 또는 일시금을 받을 권리에 대한 압류는 무효이며 전액 압류가 금지됩니다. 미적립 부담금 및 사용자가 직접 개인형퇴직연금제도로 지급하는 급여도 퇴직연금제도 가입기간에 발생한 급여로서 퇴직연금제도의 급여를 받을 권리에 해당하여 전액 압류가 금지되는 것이 타당할 것으로 사료됩니다. (퇴직연금복지과-2999, 2015.9.7.)

특정달에 급여와 상여금을 별도 지급할 경우 압류의 범위는?

사례

Q 당사 직원 중에 캐피탈업체에서 급여압류되어(압류 및 전부명령) 매월 일정금액(50만원)을 채권자에게 지급하고 있습니다. 다음 달에 급여 외에 상여가 나가는데(지급일은 각각 1/10, 1/26) 기존 방식처럼 일정금액(50만원)을 지급하면 되는지, 아니면 같은 달 지급하는 모든 금품을 합산해서 압류해야 하는지요?

A 민사집행법 시행령 제5조(급여채권이 중복되거나 여러 종류인 경우의 계산방법) "제3조 및 제4조의 금액을 계산할 때 채무자가 다수의 직장으로부터 급여를 받거나 여러 종류의 급여를 받는 경우에는 이를 합산한 금액을 급여채권으로 한다."라고 규정하고 있습니다.

따라서 별도로 압류하지 않고 급여와 상여금을 합산하여 압류금액을 산정해서 채권자에게 지급하여야 합니다. 만약 제3채무자(회사)가 이를 이행하지 않을 경우 채권자는 동법 제238조에 따라 '추심의 소'를 제기할 수 있으니 유의해야 합니다.

급여채권가압류가 들어왔는데 어떻게 처리해야 하나요?

Q 당사 직원에게 급여채권가압류가 세 군데에서 들어왔습니다. 들어온 순서대로 공제를 하는지요? 공제금액도 세 군데 전부 다르게 떼라고 적혀 있습니다. 어떻게 공제하는 것이 맞나요?

A 가압류란 보전처분의 일종으로서 금전채권이나 금전으로 환산할 수 있는 채권의 집행을 보전할 목적으로 미리 채무자의 재산을 동결시켜 채무자로부터 재산에 대한 처분권을 잠정적으로 빼앗는 보전제도로 민사집행법 제276조에 규정되어 있습니다.

가압류제도를 도입한 취지는 민사소송절차는 오래 걸리므로 그 소송절차를 진행하는 동안 채권자는 많은 시간과 비용을 들여 민사소송에서 승소하고도 권리의 만족을 얻지 못하는 경우가 있을 수 있습니다. 이러한 결과를 방지하기 위해 확정판결을 받기 전에 미리 채무자의 일반 재산을 동결시켜 두는 조처를 함으로써, 나중에 확정판결을 얻었을 때 그 판결을 쉽게 집행하고 그 때까지 채권자가 입게 될지도 모르는 손해를 예방하기 위해서 가압류제도가 존재하는 것입니다.

가압류 명령의 효력은 그 재판 결과가 고지된 때에 발생합니다. 다만, 집행력은 채권자에게 고지되며 채무자에 대하여 고지가 없더라도 발생합니다. (민사집행법 제292조)

가압류 결정과는 별도로 채권자가 본안 소송을 제기하여 승소해야 비로소 집행권원을 얻게 되는 것이며 채권자가 압류절차를 진행할 수 있게 됩니다.

따라서 가압류 결정이 되었다고 하여 제3채무자(회사)가 채권자에게 압류금액을 곧바로 지급해야 하는 것은 아니며 본압류의 이전 및 추심절차를 거쳐야 지급할 수 있게 됩니다. 제3채무자는 채권가압류가 집행되었을 때 그와 관련된 채무액을 공탁할 수 있는데, 이러한 가압류의 집행을 원인으로 하는 공탁은 원래의 채권자인 가압류채무자를 피공탁자로 하는 일종의 변제공탁이라고 할 수 있습니다. (인천지법 2003 가단9232, 2004.02.06.)

압류금액은 민사집행법 시행령 제3조, 제4조에 따라 적립해야 합니다.

급여 압류에 대해 일부 채권자가 공탁을 요구하면 어떻게 해야 하는지요?

Q 당사 직원 1명이 다수의 채권자로부터 급여채권이 압류되었습니다. 당사는 추심금 송금 요청이 있는 경우 안분하여 매월 지급하고 있습니다.

그런데 어느 한 채권자로부터 추심금 송금 요청을 받았는데 경합 시 법원 공탁으로 인한 지급을 요청한다는 취지로 적혀 있습니다. 공탁하면 매월 공탁하는 것도 번거롭고 공탁비용도 들고 그냥 안분하고 싶은데 공탁요청에 공탁할 의무가 당사에게 있는 건가요? 기존처럼 매월 안분하여 지급하여도 되는지요?

A 채권이 압류된 경우 제3채무자의 집행공탁에 관하여 「민사집행법」 제248조는 "① 제3채무자는 압류에 관련된 금전채권의 전액을 공탁할 수 있다. ② 금전채권에 관하여 배당요구서를 송달 받은 제3채무자는 배당에 참가한 채권자의 청구가 있으면 압류된 부분에 해당하는 금액을 공탁하여야 한다. ③ 금전채권 중 압류되지 아니한 부분을 초과하여 거듭 압류명령 또는 가압류명령이 내려진 경우에 그 명령을 송달 받은 제3채무자는 압류 또는 가압류채권자의 청구가 있으면 그 채권의 전액에 해당하는 금액을 공탁하여야 한다. ④ 제3채무자가 채무액을 공탁한 때에는 그 사유를 법원에 신고하여야 한다. 다만, 상당한 기간 이내에 신고가 없는 때에는 압류채권자, 가압류채권자, 배당에 참가한 채권자, 채무자, 그 밖의 이해관계인이 그 사유를 법원에 신고할 수 있다."라고 규정하고 있습니다.

「민사집행법」 제248조 제1항은 "제3채무자는 압류에 관련된 금전채권의 전액을 공탁할 수 있다."라고 규정하고 있는데, 이 규정의 취지는 제3채무자로서는 어느 채권자가 얼마만큼 변제를 받게 될 것인지, 어느 채권자가 정당한 변제수령권자인지 판단하기 어렵고, 배당요구의 적법 여부라든지, 각 채권자의 우선권의 유무 등을 판단하여 채무액을 채권자에게 배분토록 하게 하여서는 그 부담도 크고 때로는 이중변제의 위험마저도 있어 집행절차의 적정을 해할 우려가 있으므로 채무액을 공탁하여 면책이 되도록 한 규정으로 어디까지나 제3채무자의 권리를 규정한 것이지 제3자가 공탁을 강제할 수 있는 근거조항은 아닙니다.

그러나 동법 제248조 제2항, 제3항에 따라 공탁할 의무가 있다는 것은 공탁의 방법에 의하지 아니하고는 면책을 받을 수 없다는 것이므로, 만일 제3채무자가 공탁청구에 반하여 1인의 채권자에게 변제한 경우에는 그 변제의 효력을 공탁을 청구한 채권자에게는 대항할 수 없어 공탁청구채권자는 배당액 상당의 손해배상을 제3채무자에게 청구할 수 있을 것입니다.

공탁은 채권자나 채무자의 보통재판적이 있는 지방법원 또는 집행법원에 할 수 있고(민사집행법 제19조), 공탁하기 위해서 본래의 채무이행의 경우에 비하여 더 많은 여비, 일당 등이 필요하더라도 공탁하여야 할 금액에서 그 비용액을 빼고 공탁하는 것을 예정하고 있지는 않습니다. 그러나 제3채무자에게 공탁의무를 부담하게 하면서 위와 같은 불이익을 받도록 하는 것은 상당하지 않으므로 제3채무자는 민사소송비용법 제10조의2(제3채무자의 공탁비용) "① 민사집행법 제248조의 규정에 따라 채무액을 공탁한 제3채무자는 압류의 효력이 미치는 부분에 해당하는 금액의 공탁을 위하여 지출한 비용 및 같은 조 제4항의 공탁신고서 제출을 위한 비용을 지급해 줄 것을 법원에 신청할 수 있다."에 따르면 될 것입니다.

전부명령과 압류명령 그리고 추심명령이 송달된 경우의 그 효력은?

사례

Q 2019년 8월 A 업체에서 당사 직원 홍길동에 내해 급여압류 및 전부명령 확정 및 송달되어 8월~11월까지 매달 급여 압류금액 송금 중이며, 2019년 12월 B 업체에서 홍길동에 대해 급여 압류 및 추심명령 확정 및 송달되어 12월 급여 압류금액 회사가 일시 보관 중인 상태입니다.

이 경우 경합이 일어나서 법원에 공탁하는 것인지요? 그리고 공탁 신청 방법은 어떻게 되는지요?

A 채권에 대한 전부명령이란 채무자가 제3채무자에 대하여 가지는 채권을 지급에 갈음하여 압류채권자에게 이전(법 제229조)하게 하는 재판으로 전부명령에 의한 채권의 이전은 채권양도와 유사하나 채권자가 제3채무자에게 통지하거나 또는 제3채무자의 승낙을 요하지 않고 전부명령이 확정된 경우에는 집행법원의 전부명령이 제3채무자에게 송달된 때 효력이 발생하는 것입니다(법 제231조).

전부명령이 제3채무자에게 송달되면 그 채권이 존재하는 한 채무자의 제3채무자에 대한 채권은 소멸하는 것으로 압류채권자는 이후 피전부채권에 대하여 일체의 처분을 할 수 있으며, 제3채무자가 그 이행을 하지 않는 때에는 직접 제3채무자를 상대로 소송을 제기하면 됩니다.

그리고 전부명령이 제3채무자에게 송달된 후에는 다른 채권자의 배당요구가 허용되지 않습니다. 즉, 전부명령의 경우에는 전부채권자가 후순위 다른 채권자들에 비하여 독점적으로 피전부채권을 취득하게 되는 것입니다.

위의 질의의 경우 채권자 A가 독점적으로 급여압류 전액을 지급받게 되며, 채권자 A의 전부명령 이행이 완료된 후에 후순위 채권자 B가 지급받을 수 있게 됩니다. 이와 같이 전부명령을 한 채권자는 다른 채권자들보다 우선하여 압류채권을 독점할 권리가 있는 것입니다.

압류 등의 경합이 있었는지의 여부를 결정하는 시점은 전부명령이 제3채무자에게 송달된 때를 말합니다. 다만, 동일한 채권에 대하여 중복하여 압류 등이 있었다고 하더라도 그 압류 등의 효력이 미치는 범위가 채권의 각 일부에 국한되고 이를 합산하더라도 총채권액에 미치지 아니할 때에는 압류의 경합이 있다고 할 수 없습니다.

법원은 금전공탁사건에 한하여 전자공탁제도를 시행하고 있습니다. 법원의 전자공탁 홈페이지를 참고하면 누구라도 쉽게 공탁을 할 수 있게 되었습니다.

압류명령과 추심명령, 그리고 전부명령이 순차로 송달된 경우 그 효력은?

사례

Q 당사 직원이 급여압류명령을 받았습니다. 채권자 甲이 5월 1일에 채권압류 및 추심명령을 송달하였고, 채권자 乙이 5월 7일에 전부명령을 송달하였습니다. 이 경우 압류 경합에 해당하는지요?

A 일반적인 경우 전부명령은 압류한 금전채권을 변제에 갈음하여 전부명령을 받은 채권자에게 이전시키는 효력이 있으므로 전부명령이 발부된 이후에 발부된 추심명령은 효력이 없게 됩니다.

그러나 「민사집행법」 제229조 제5항은 "전부명령이 제3채무자에게 송달될 때까지 그 금전채권에 관하여 다른 채권자가 압류·가압류 또는 배당요구를 한 경우에는 전부명령은 효력을 가지지 아니한다."라고 규정하고 있습니다. 즉, 동일한 금전채권에 관하여 압류명령과 가압류명령 등이 경합된 상태에서 전부명령이 발부되면 그 전부명령은 효력이 없으며, 다만 압류의 효력만 남게 됩니다. (대법 76다1145, 1146, 1976. 9. 28.)

압류채권에 대하여 선행 가압류, 압류, 배당요구가 있는 경우에는 추심명령은 할 수 있지만 전부명령은 하지 못합니다. 따라서 甲이 압류 및 추심명령을 받은 이후에 乙이 전부명령을 받았으므로, 甲과 乙이 함께 압류가 경합되는 것입니다.

급여 압류금액에 연말정산 환급금액이 포함되는지 여부는?

Q 당사 직원이 채권 압류 및 추심명령을 받았습니다. 매월 지급되는 급여에서 제세공과금을 제외한 잔액의 1/2을 압류하고 있는데 이번 연말정산 환급금액이 발생하여 포함하여 압류를 진행해야 하는지 궁금합니다.

A

행정해석 ✓

- 지방자치단체가 근로자의 지방세 체납을 사유로 원천징수의무자에게 급여를 압류한 이후 근로자에게 지급할 연말정산 환급금이 발생하는 경우 동 환급금은 「국세징수법」 제33조에 따른 압류를 제한하는 급여채권에 해당하는 것입니다. (징세과-1002, 2010.11.04.)

- 근로계약을 체결하면서 임금액을 정하고 사용자가 관련 법령에 따라 그 임금액에서 매월 각종 세금 등을 원천징수한 경우에는 연말정산환급금은 근로자의 임금에서 공제한 세금을 정산하여 돌려받는 것이므로 기타금품에 해당한다 할 것임. (근로기준정책과-1340, 2015.04.06.)

즉, 근로기준법 제36조(금품의 청산)에 해당하는 것입니다. 따라서 연말정산 환급금액을 포함하여 압류를 진행해야 합니다.

급여 압류의 경우
퇴직연금 부담금 산정 방법은?

Q 급여 압류가 되어 있는 근로자(매월 임금의 50%만 지급)의 퇴직연금 부담금 부담 시 전액을 부담해야 하는지요?

A 『근로자퇴직급여보장법』(이하 "법"이라 함) 제13조 제1호 가목에 의하면 확정기여형 퇴직연금제도를 설정한 사용자는 최소한 가입자의 연간임금총액의 12분의 1에 해당하는 금액은 현금으로 부담하도록 규정되어 있습니다. 따라서 사용자의 부담금에서 압류하는 것은 수급권 보장차원에서 법 취지에 맞지 않으므로, 법 제13조 제1호 가목에 따라 부담금 전액을 부담하는 것이 타당하다고 판단됩니다.

다만, 근로자 퇴직 시 지급하는 급여액에 대하여 민사집행법 등 관계법령에 따라 이루어져야 할 사항으로 사료됩니다. (퇴직연금복지과-223, 2008.6.1.)

03

원천징수

12월 급여의 귀속년월은?

사례
Q 연말 12월 급여를 1월에 지급하면 귀속년월은 어떻게 되나요?

A 통상 사용자로부터 받는 급여는 근로를 제공한 날이 수입시기, 근로제공일이 속하는 연도가 귀속년도가 됩니다. (소득세법 시행령 제49조)

근로소득을 지급하는 경우 급여의 귀속시기 판단은 지급일이 아니라 근로제공일이기 때문에 위 질의의 경우 12월 귀속, 1월 지급이 됩니다.

12월 31일 퇴사자의 경우
연말정산은 어떻게 처리하나요?

사례

Q 당사에 12월 31일 퇴사자가 있습니다. 계속근로로 보아 연말정산을 해야 하는지, 아니면 중도퇴사자로 보아 연말정산을 해야 하는지요?

A 12월 31일 퇴사자의 경우 국세청에서 제공하는 근로소득 지급명세서 오류검증 책자에서 계속근로의 경우 주(현)근무처 해당 과세기간의 근무기간 종료연월일이 12월 31일이 아니면 오류가 발생토록 로직을 만들었기 때문에 '중도퇴사'가 아닌 '계속근로'로 처리해야 합니다.

전월 귀속소득분 원천세 수정신고하는 방법은?

사례

Q 지난달 원천세 신고 금액을 잘못 신고해서 수정하려고 합니다. 국세청 수정신고 말고 연말정산 때 조정할 수 있는 방법이 있나요?

A 원칙적으로 매월 신고하는 원천징수이행상황신고서를 수정신고해야 합니다. 다만, 금액이 아주 적은 경우 익월 이행상황 신고서에 합산해서 신고하는 방법도 있습니다. 예를 들어 근로소득 간이세액 'A01' 항목에 수정신고와 당월납부 금액을 가감하여 입력하는 방법이 있으나 정상적인 방법은 아니기에 국세청 원천세 수정신고 방법으로 해야 합니다.

■ 원천징수이행상황신고서 수정 작성방법

- 원천징수이행상황신고서의 ①신고구분 수정란에 "○" 표시
- 당초 제출한 원천징수이행상황신고서의 귀속연월, 지급연월과 동일하게 기재
- 당초 제출한 원천징수이행상황신고서의 [1. 원천징수 명세 및 납부세액]과 [2. 환급세액 조정]을 새로 작성하는 원천징수이행상황신고서의 해당란을 반으로 나누어 상단에 붉은 색으로 옮겨 기재
- 하단에는 수정사항을 반영하여 검정색으로 기재
- 원천징수납부불성실 가산세 기재
    ※ 수정신고로 인한 세액 증가 및 감소분은 수정분 원천징수이행상황신고서와 함께 제출하는 정기분 원천징수이행상황신고서의 A90란에 기재함(수정분 원천징수이행상황신고서의 A90란에는 기재하지 않음에 유의)
        ☞ (세부적인 작성방법은 필자의 <인사노무 급여관리 실무> 도서 참조)

전년도 성과급 지급시 귀속시기
및 세금 계산 방법은?

Q 당사는 전년도 경영성과급을 지급하려고 합니다. 세금은 어떤 방식으로 계산 해야 하는지, 급여에 포함해야 하는지? 상여금 형식으로 지급해야 하는지, 지급은 2019년 소득 12월분으로 귀속해야 하는지요?

A ▪ 소득세법 집행기준 24-49-2【성과금의 귀속시기】

① 매출액·영업이익률 등 계량적 요소에 따라 성과급상여를 지급하기로 한 경우 해당 성과급상여의 귀속시기는 계량적 요소가 확정되는 날이 속하는 연도가 되는 것이고, 영업실적과 인사고과에 따른 계량적·비계량적 요소를 평가하여 그 결과에 따라 차등 지급하는 경우 해당 성과급상여의 귀속시기는 직원들의 개인별 지급액이 확정되는 연도가 되는 것이며, 이때 재직 중 성과에 따라 퇴 직 후 지급받는 경우도 포함한다.

직원에 대한 성과급상여를 지급함에 있어서 직원들에 대한 직전연도의 계량적· 비계량적 요소를 평가하여 그 결과에 따라 차등 지급하는 경우 당해 성과급상여 의 귀속시기는 당해 직원들의 개인별 지급액이 확정되는 연도가 되는 것이며 원 천 징수는 소득세법 제134조와 제135조의 규정에 의하는 것입니다. (소득세과-2614, 2008.07.30.)

① 영업실적과 인사고과에 따른 정량적, 정성적 평가를 거쳐 지급하는 성과배분 상여금의 귀속시기는 직원들의 개인별 지급액이 확정되는 연도가 되는 것입니다. (원천세과-1075, 2009.12.29.)

② 성과급상여를 지급함에 있어서 직원들에 대한 직전연도의 계량적·비계량적 요소를 평가하여 그 결과에 따라 차등 지급하는 경우 당해 성과급상여의 귀속시기는 당해 직원들의 개인별 지급액이 확정되는 연도가 되는 것입니다. (소득세과-400, 2014.07.12.)

상여금이 있는 경우 원천징수세액 계산방법은 소득세법 제136조 제1항을 따릅니다.

■ 지급대상기간이 있는 상여 등(소득세법제136조 제1항 제1호)을 지급하는 때(⬜)

  = (① × ②) - ③

① {(상여 등의 금액 + 지급대상기간의 상여 등 외의 급여의 합계액) / 지급대상기간의 월수} 에 대한 간이세액표상의 해당 세액

② 지급대상기간의 월수

③ 지급대상기간의 상여 등 외의 급여에 대해 원천징수하여 납부한 세액(가산세액 제외)

■ 지급대상기간이 없는 상여 등(소득세법 제136조 제1항 제2호)을 지급하는 때

○ 그 상여 등을 받은 연도의 1월 1일부터 그 상여 등의 지급일이 속하는 달까지를 지급대상기간으로 하여 ⬜의 방법으로 계산

○ 그 연도에 2회 이상의 상여 등을 받을 때에는 직전에 상여 등을 지급받은 날이 속하는 달의 다음달부터 그 후에 상여 등을 지급받은 날이 속하는 달까지를 지급대상기간으로 하여 ⬜의 방법으로 계산

☞ 기타 자세한 사항은 필자의 <인사노무 급여관리 실무> 도서에서 유형별 원천징수 계산·사례 참조

경조금에 대해서도 세금 신고해야 하나요?

사례

 회사에서 직원들 경조금을 지급하고 있습니다. 돌잔치, 결혼, 장례식 등 금액은 10만원에서 100만원까지 다양하게 지급하고 있습니다. 소득세법에 따라 비과세를 처리하고 싶은데 어떻게 해야 하나요? 그리고 경조금은 비과세이지만 원천세 신고 대상인가요, 아니면 식대처럼 신고 제외인가요?

A

행정해석 ✓

- 사업자가 그 종업원에게 지급한 경조금 중 사회통념상 타당하다고 인정되는 범위내의 금액은 이를 지급받은 자의 근로소득으로 보지 아니한다(소득세법 시행규칙 제10조). 아울러, 과세대상 근로소득은 급여의 명칭 여하에 불구하고 근로의 제공으로 인하여 받는 보수 중 소득세법에서 비과세 소득으로 열거된 소득을 제외하는 것을 말함. (원천세과-129, 2010.02.08.)

- 법인이 임원 또는 사용인에게 사회통념상 타당하다고 인정되는 범위 안에서 지급하는 경조사비는 각 사업연도 소득금액 계산상 손금에 산입하는 것이나, 동 범위를 초과하는 금액은 법인세법 시행령 제45조 제1항 제8호의 규정에 의하여 손금에 산입하지 아니하는 것입니다. 이 경우 "사회통념상 타당하다고 인정되는 범위"는 경조사비 지급규정, 경조사 내용, 법인의 지급능력, 종업원의 직위·연봉 등을 종합적으로 사실 판단할 사항입니다. (법인 46012-339, 2003.05.23.)

따라서 경조금은 근로소득의 범위에 포함되지 아니하는 소득에 해당하며, 경조금 지급규정 등이 구비되어 있어야 합니다. 다만, 경조금 지급규정에 지원내용을 포함하고 있더라도 일반적인 경조금 지급범위를 초과한 지원금은 과세대상 근로소득입니다.

이때 '사회통념상 타당하다고 인정되는 경조사의 범위'에 대해서는 유권해석상 명확하게 정의된 바는 없으나, '사회통념상 타당하다고 인정되는 범위'는 경조사비 지급규정, 경조사 내용, 회사의 지급능력, 직원의 직위·연봉 등을 종합적으로 감안하여 사실 판단할 사항입니다.

기타소득으로 과세최저한의 경우에도 신고해야 하나요?

사례

Q 기타소득이 발생하였는데 해당 금액이 건별로 5만원 이하입니다. 과세최저한이어서 별도의 원천징수는 하지 않았고, 지급명세서 제출 또한 하지 않았습니다. 원천세 신고 시 제외해야 하는지, 아니면 포함해야 하는지요?

A

관련 법규 ✓

- 소득세법 제84조 【기타소득의 과세최저한】
  3. 그 밖의 기타소득금액(제21조 제1항 제21호의 기타소득금액은 제외한다)이 건별로 5만원 이하인 경우

- 소득세법 집행기준 84-0-2 【기타소득 과세최저한의 경우 원천징수이행상황신고 및 지급명세서 제출 여부】
  ① 과세최저한으로 소득세가 과세되지 않은 소득을 지급할 때는 원천징수를 하지 않는 것이나 원천징수이행상황신고서에는 원천징수하여 납부할 세액이 없는 자에 대한 것도 포함하여 신고해야 한다.
  ② 과세최저한으로 소득세가 과세되지 않은 기타소득은 지급명세서 제출의무가 면제되나, 「소득세법」 제21조 제1항 제15호(일시적 문예창작소득) 및 제19호(일시적 인적용역소득)의 기타소득은 지급명세서 제출의무가 면제되지 않는다.

위 질의의 경우 소득세법 집행기준 84-0-2 제1항에 따라 과세최저한으로 소득세가 과세되지 않은 소득을 지급할 때는 원천징수를 하지 않는 것이나, 원천징수이행상황신고서에는 원천징수하여 납부할 세액이 없는 자에 대한 것도 포함하여 신고해야 합니다.

만약, 이를 누락하고 원천징수이행상황신고서를 제출한 경우에는 해당 귀속월에 대한 원천징수이행상황신고서를 수정하여 제출해야 하는 것입니다. 다만, 이 경우 해당 기타소득에 대하여는 원천징수 세액의 변동이 없을 것이므로 추가납부세액 및 가산세는 없는 것입니다.

대학 실습생 현장실습 지원비 지급 시 처리 방법은?

Q 당사는 대학과 현장실습 운영협약을 맺고 2개월 동안 2명의 대학 현장실습생을 지도하였는데 협약에 따라 현장실습지원비 각 50만원씩 지급하였습니다. 일반급여 자인지 일용근로자로 보고 처리해야 하는지요?

A

행정해석 ✓

- 연수생들에게 연수기간 중 지급하는 교통비·중식비 등의 연수수당은 소득세법 제12조에서 비과세소득으로 특별히 규정된 것을 제외하고는 과세대상 근로소득에 해당하는 것임. (서면 1팀-808, 2007.06.14.)

- '근로계약'이 아닌 '연수협약'에 의해 연수생에게 지급하는 연수수당(교통비 및 중식비 상당액)의 경우, 비과세 근거 없이 '근로소득'으로서 원천징수 대상임. (서일46011-10745, 2002.5.30.)

- 일정한 고용주에게 3월 이상 계속하여 고용되어 있고 근로제공에 대한 시간 또는 일수나 그 성과에 의하지 아니하고 월정액에 의하여 급여를 지급받고 있는 실습생에게 지급하는 실습비는 근로소득에 해당하므로 소득세법 제134조에 의하여 원천징수하여야 하는 것임. (법인46013-2667, 1997.10.16.)

따라서 근로계약, 연수협약체결 등에 따라 산학 실습생에게 지급하는 급여 등은 소득세법 제12조의 비과세소득으로 규정된 것을 제외하고는 과세대상 근로소득으로 보아야 합니다. 다만, 급여의 월정액 여부, 고용기간 등에 따라 일반근로소득과 일용근로소득 구분을 검토하여야 할 것입니다.

일용근로자는 고용관계에 의하여 근로를 제공하고 그 대가를 시급 또는 일급으로 받는 자로서 동일한 고용주에게 계속하여 3월 이상 고용되어 있지 아니한 자를 의미합니다. 인턴사원을 일용근로자로 채용했을 경우 3개월 이상 계속 고용하였다면 3월이 되는 날이 속하는 월부터 일반급여자로 보고 원천징수하여야 합니다.

따라서 그 대가를 시급 또는 일급으로 받지 아니하고 정액급으로 받는 자는 고용기간에 관계없이(1일만 근무하더라도) 일반급여자가 되는 것으로 인턴사원이 일용근로자에 해당하는지 아니면 일반급여자(연말정산 대상자)에 해당하는지는 고용계약, 급여지급방법 등에 따라 사실 판단할 사항입니다.

가족수당과 6세 이하
보육수당 비과세 관련 적용 여부는?

Q 당사는 가족수당을 배우자 유무 및 자녀의 수에 따라 지급하고 있습니다. 가족수당을 지급받는 자 중에 세법상 6세 이하의 자녀의 보육과 관련하여 월 10만원 이내 비과세 적용이 가능한가요?

A

관련 법규 ✓

■ 소득세법 제12조 【비과세소득】
다음 각 호의 소득에 대해서는 소득세를 과세하지 아니한다.
머. 근로자 또는 그 배우자의 출산이나 6세 이하(해당 과세기간 개시일을 기준으로 판단한다) 자녀의 보육과 관련하여 사용자로부터 받는 급여로서 월 10만원 이내의 금액

따라서 근로자 또는 그 배우자의 출산이나 6세 이하의 자녀의 보육과 관련하여 사용자로부터 받는 급여로서 월 10만원 이내의 금액은 비과세이므로, 회사에서 지급하는 가족수당과 자녀교육비가 해당 항목의 성격에 부합하는 경우에는 비과세소득에 해당합니다. 즉, 가족수당 중 출산 또는 6세 이하 자녀보육을 명목으로 별도로 주는 수당을 비과세합니다.

시간제 강사가 며칠간 수업해서 300만원을 받은 경우 처리 방법은?

사례

Q 일용직 신고는 힘들고 시간제 강사 비용을 외부 인력 인건비로 잡아야 하는지요? 이 비용을 어떻게 처리해야 하나요?

A

■ 강의 대가 소득 구분

학교에 강사로 고용되어 지급받은 급여 (서면1팀-527, 2006.04.26.)	근로소득
일시적으로 강의를 하고 지급받은 강사료 (소득-256, 2008.07.28.)	기타소득
독립된 자격으로 계속적·반복적으로 강의를 하고 받은 강사료 (소득-256, 2008.07.28.)	사업소득

■ 필요경비

① 기타소득금액은 해당 과세기간의 총수입금액에서 이에 소요된 필요경비를 공제한 금액입니다.

　☞ 기타소득금액 = 총수입금액 - 필요경비

② 해당 과세기간의 필요경비에 산입할 금액은 다음과 같습니다. (소득세법 제37조)

다음의 어느 하나에 해당하는 경우 거주자가 받은 금액의 60에 상당하는 금액. 다만, 실제 소요된 경비가 60을 초과하면 초과금액도 필요경비에 산입합니다. (소득세법 시행령 제87조)

☞ 인적용역을 일시적으로 제공하고 지급받는 대가

■ 원천징수세율

원천징수 시 적용되는 기타소득금액은 당해 지급금액에서 이에 대응하는 필요경비로 당해 원천징수의무자가 확인할 수 있는 금액 또는 소득세법 시행령 제87조의 규정에 의한 필요경비를 공제한 금액으로 합니다.

유　　형	원천징수세율
일반적인 기타소득	20%

연말정산 과다환급 착오로 수정신고 시 가산세가 있나요?

사례

Q 3월달 급여에 연말정산 환급액을 지급하였는데 잘못 신고해서 과다환급을 했습니다. (-)6천만원을 신고해야 하는데 (-)7천만원으로 신고를 했을 경우 4월에 수정신고하면 가산세 적용이 되는지요?

A 과다소득공제에 대해 원천징수의무자가 수정신고해주는 경우 원천징수의무자는 국세기본법 제47조의5에 따른 '원천징수납부 등 불성실가산세'가 적용되고, 근로소득자는 국세기본법 제47조의3에 따른 '과소신고·초과환급신고가산세'가 적용됩니다.

■ 수정신고에 따른 가산세 감면
① 종합소득 확정신고기간 이전 신고한 경우
   종합소득 확정신고기간(5.31) 이내 수정신고 하는 경우 납부불성실가산세 및
   과소신고 등 가산세 부담없이 과다공제내역 수정신고 가능(단, 관할세무서에서
   해명자료 제출안내나 가산세 납부통지 발송시 제외)
② 종합소득 확정신고기간 이후 신고한 경우

구분	신고기간	감면비율	감면대상
법정신고기한이 지난 후 수정신고한 경우 ('20.1.1. 개정 시행)	3개월 이내	75%	과소신고가산세 초과환급가산세
	3개월 초과 6개월 이내	50%	
	6개월 초과 1년 이내	30%	
	1년 초과 1년 6개월 이내	20%	
	1년 6개월 초과 2년 이내	10%	

확정급여형과 확정기여형 퇴직연금 이행상황신고서 작성은?

사례

Q 당사는 확정급여형으로 가입된 직원도 있고, 확정기여형으로 가입한 직원도 있습니다. 원천세 신고 시 확정기여형과 확정급여형퇴직연금 근로자의 입력처리 방법이 어떻게 되나요?

A ▪ 확정급여형 퇴직연금제도(D.B)

운용수익과 적립금 귀속자가 회사인 동시에 퇴직금 지급 시 원천징수의무자에 해당하며, 퇴직연금사업자는 회사를 대신하여 퇴직급여를 지급하게 됩니다.

- 원천징수이행상황신고서 작성시 'A22 그 외'란에 기재하는 것으로 인원 및 지급금액을 기재하고 '⑥ 소득세 등'란에는 기재하지 않는 것입니다(퇴직소득세액이 전액 과세이연되었기 때문에 납부할 소득세액이 발생하지 않아서 소득세액 '0'원 기재). 다만, IRP 강제이전 예외사유(근로자퇴직급여보장법 시행령 제9조)에 해당하는 경우 퇴직소득세를 납부 및 신고해야 합니다.

- 원천징수의무자는 회사가 되는 것으로 해당 퇴직소득지급명세서는 익년도 3월 10일까지 원천징수관할세무서에 제출해야 합니다.

▪ 확정기여형 퇴직연금제도(D.C)

회사의 퇴직금 적립과 함께 퇴직금 지급 의무가 퇴직연금사업자에게 있으며, 퇴직연금사업자는 근로자의 요구에 따라 적립금을 운용하다가 근로자가 퇴직할 경우 퇴직금을 지급하고 원천징수하거나 IRP계좌로 과세이연 처리합니다.

- 원천징수의무자는 퇴직연금사업자가 되는 것으로 회사는 별도의 신고 및 납부할 필요가 없게 됩니다. 다만, 회사에서 직접 지급하는 퇴직소득이 있는 경우에는 그 퇴직소득에 대하여 회사가 신고 및 납부해야 하는 것이며, 퇴직소득세를 원천징수하지 않거나 환급한 경우 원천징수의무자는 지급명세서를 연금계좌취급자에게 즉시 통보하여야 합니다. (소득세법 시행령 제202조의3 제4항)

원천징수이행상황신고서 인원을 잘못 적은 경우 가산세 대상에 해당하나요?

Q 원천징수이행상황신고서를 작성할 때 'A01 ④ 인원'에 당사 외국인 근로자를 포함해서 산정해야 하나요? 이 부분에 인원을 잘못 적었다면 수정신고시 가산세를 내야하는지요?

A 원천징수이행상황신고서는 원천징수의무자가 원천징수대상 소득금액을 지급하면서 원천징수세액을 징수하여 이를 익월 10일까지 관할 세무서장에게 납부하면서 제출하는 일종의 원천징수 이행상황에 대한 집계표이며, 국세기본법상 과세표준신고서는 아닙니다. (제도46019-10415, 2001.04.03.)

원천징수이행상황신고서에 기재사항 오류나 누락이 있는 경우 이를 바로잡아 수정신고서를 제출해야 하는 것이므로 인원수를 잘못 기재한 경우에도 수정신고하여야 합니다.

다만, 단순 인원 오기재에 대한 가산세는 발생하지 않으며, 실제 납부할 세액과 차이가 발생하는 경우 원천징수납부불성실가산세를 부담할 수 있습니다.

종업원 급여 누락으로 수정신고 시 근로자 과소신고가산세 부담 여부는?

사례

Q 직원 급여 일부 누락으로 수정신고를 하려고 합니다. 근로자도 과소신고가산세를 납부해야 하는지요?

A 원천징수의무자인 법인이 종업원(근로소득자)에 대한 총급여액을 일부 누락하여 「소득세법」 제137조에 따른 근로소득세액의 연말정산 후, 누락된 근로소득에 대해 원천징수이행상황신고서를 수정신고하여 추가 납부할 세액을 납부하는 경우 원천징수의무자는 「소득세법」 제81조 제1항과 같은 법 제158조 제1항에 따른 가산세를 부담하는 것이며, 근로소득자는 「국세기본법」 제47조의3에 따른 가산세를 부담하지 아니하는 것이나 부당한 방법으로 해당 근로소득을 누락한 경우에는 「국세기본법」 제47조의3에 따른 가산세를 부담하는 것입니다. (소득세과-0882, 2011.10.28.)

따라서 법인이 종업원에 대한 총급여액을 일부 누락하여 누락된 근로소득에 대해 원천징수이행상황신고서를 수정신고하여 추가 납부하는 경우 근로소득자는 과소신고가산세를 부담하지 아니하는 것이나 부당한 방법으로 해당 근로소득을 누락한 경우에는 과소신고가산세를 부담하는 것입니다.

주식매수선택권 행사 시 소득처리 방법은?

사례

Q 당사 직원 중에 처음으로 주식매수선택권을 행사하는 직원이 발생하였습니다. 근로소득 또는 기타소득 어느 소득으로 처리해야 하는지요?

A 「소득세법 시행령」 제38조 제1항 17호에 따라 법인의 임원 또는 종업원이 당해 법인 또는 당해 법인과 「법인세법 시행령」 제87조의 규정에 의한 특수관계에 있는 법인으로부터 부여받은 주식매수선택권을 당해 법인 등에서 근무하는 기간 중 행사함으로써 얻은 이익은 근로소득에 해당하고, 고용관계 없이 독립된 자격으로 용역을 제공하고 그 대가로 부여받은 주식매수선택권을 행사하여 얻는 이익은 사업소득에 해당하며, 「소득세법」 제21조 제1항 제22호에 따라 퇴직 전에 임원이 부여받은 주식매수선택권을 퇴직 후에 행사함으로써 얻는 이익은 기타소득에 해당하는 것입니다. (원천세과-687, 2011.10.28.)

주식매수선택권의 행사일은 주식매수선택권을 부여받은 종업원 등이 창업법인 등에게 주식매수선택권의 행사를 청구한 날을 말하는 것이며, 당해 주식을 교부하는 때에 소득세법 제134조 제1항의 규정에 의하여 원천징수하는 것입니다(서면인터넷방문상담1팀-438, 2008.03.28.). 따라서 소득세법 제134조(근로소득에 대한 원천징수시기 및 방법)에 따라 원천징수의무자가 매월분의 근로소득을 지급할 때 근로소득 간이세액표에 따라 소득세를 원천징수합니다.

중도퇴사자 중도연말정산의 경우 퇴직 당월 소득세 반영 여부는?

사례

Q 2월 말까지 근무하고 퇴사하는 직원이 있습니다. 2월달 급여일에 중도연말정산을 진행하려고 하는데 총급여와 기납부세액을 전산프로그램에 입력하려고 합니다. 1, 2월 급여는 월 200만원이고 소득세가 월 7만원 정도 됩니다. 급여일에 중도연말정산을 하려고 하는데 퇴직 당월 급여와 소득세 반영을 하는 것인지요?

A 근로자가 중도 퇴사할 때 중도정산한 금액은 퇴사하는 달의 급여를 지급하는 달의 다음 달 10일까지 연말정산한 금액을 원천징수이행상황신고서에 신고하고(소득세법 제134조), 퇴사자에게 원천징수영수증을 퇴직하는 달의 급여를 지급하는 달의 다음달 말일까지 발급합니다. (소득세법 제143조)

따라서 퇴직 당월 지급한 급여와 소득세를 포함하여 중도연말정산을 수행하여야 합니다.

상품권 지급 시 원천징수 여부는?

Q 당사는 상품권을 명절에 전 직원에게 지급하고 있습니다. 회사의 업무 관련 아이디어를 제안하는 경우에도 지급하고 복리후생비로 처리하였습니다(원천징수 없음). 상품권 지급액도 10만원 미만이라 세금 떼기가 좀 애매합니다.

A 종업원에게 지급하는 공로금, 위로금, 개업축하금 기타 이와 유사한 성질의 사실상 급여에 속하는 상금은 근로소득에 해당하는 것이며, 회사가 직원에게 근로의 제공으로 인하여 지급하는 금품은 소득세법 제12조 등에서 비과세로 열거되어 있지 않는 한 그 명칭 여하에 불구하고 모두 과세 대상 근로소득에 해당합니다. 질의의 근로자에게 지급하는 상품권에 대한 소득구분은 사실판단하여야 할 것입니다.

행정해석 ✓

- 근로자가 회사로부터 근로자의 생일이나 회사의 창립기념일에 지급받는 선물은 과세되는 근로소득의 범위에 포함되는 것임. (법인46013-1358, 1999.04.13.)

- 임직원을 대상으로 생일, 결혼기념일, 출산시 복리후생기념으로 2~3만원 상당의 선물 지급 시 결혼기념일에 회사로부터 받는 선물은 과세대상 근로소득에 해당하는 것입니다. (원천-296, 2009.04.09.)

부당해고로 인한 취하 조건의 위로금 지급 시 처리 방법은?

사례

Q 11월 입사해서 2월말에 퇴사한 직원이 부당해고로 고용노동부에 진정서를 접수하였고, 회사는 취하조건으로 위로금 지급하였습니다. 원천징수는 근로소득인지, 아니면 퇴직소득인지요? 그리고 이미 신고는 다 완료했는데 퇴직소득이면 귀속월이 4월이 되는지요?

A

행정해석 ✓

- 지방노동위원회 화해로 부당해고 및 퇴직금 진정을 취하하는 조건으로 지급받는 위로금은 「소득세법」 제21조 제1항 제17호에 따른 기타소득에 해당하는 것이며, 동 기타소득은 「소득세법 시행령」 제87조에 따른 필요경비의제(80%)가 적용되지 아니하며, 「소득세법」 제145조 제1항에 따라 원천징수의무자는 기타소득을 지급할 때에 소득세를 원천징수를 하는 것입니다. (원천-152, 2012.03.26.)

- 귀 질의의 경우 회사와 퇴직직원 간에 미지급 임금에 대한 다툼이 발생하여 퇴직한 직원들이 관할 관청에 진정서를 제출하였으나, 진정서 접수 후 당사자 간의 합의에 의하여 퇴직직원은 진정서를 취하하고 회사에서는 취하 조건으로 합의금을 지급하는 경우 당해 합의금은 사례금 성격으로 소득세법 제21조 제1항 제17호의 기타소득에 해당하는 것입니다.

(서면인터넷방문상담1팀-143, 2006.02.03.)

- 거주자가 부당해고 판결에 따라 회사로부터 밀린 임금과 퇴직금 외에 지급받은 위로금의 지급사유가 부당해고 등으로 인한 정신적 또는 신분상의 명예훼손 등에 대한 보상으로 지급하는 금액이라면 과세대상에서 제외되겠으나, 노동위원회의 판결이유 등 구체적인 지급사유에 따라 동 위로금을 지급하는 자가 퇴직·근로·기타소득 등으로 구분하여 원천징수하여야 하는 것임. (서면1팀-1146, 2007.8.16.)

- 법원의 조정에 따라 지급하는 금액은 구체적인 지급사유에 따라 근로·기타소득 등으로 구분하는 것이나, 정신적 또는 신분상의 명예훼손 등에 대한 보상으로 지급하는 금액이면 과세대상에서 제외되는 것이며, 조정에 합의하여 소송을 취하하는 조건으로 지급하는 금액은 기타소득(사례금)에 해당하는 것임. (소득세과-1126, 2010.11.08.)

소득세법 기본통칙 20-8 【부당해고기간의 급여에 대한 소득구분과 귀속연도】

① 근로자가 법원의 판결·화해 등에 의하여 부당해고기간의 급여를 일시에 지급받는 경우에는 해고기간에 근로를 제공하고 지급받는 근로소득으로 본다.

② 제1항의 근로소득에 대하여 당해 원천징수의무자가 다음 각호의 규정에 따라 원천징수를 하는 경우에는 법 제134조 제2항의 규정에 준하여 기한내에 원천징수한 것으로 본다.

1. 법원의 판결이 당해 과세기간경과 후에 있는 경우에는 그 판결이 있는 날의 다음달 말일까지 법 제137조 제1항의 규정에 의하여 연말정산하는 때

2. 법원의 판결이 당해 근로소득이 귀속하는 과세기간의 종료일 전에 있는 경우에는 법 제134조 제1항 또는 제2항의 규정에 의하여 원천징수하는 때

따라서 합의금의 지급사유가 해고 등으로 인한 정신적 또는 신분적 명예훼손 등에 대한 보상으로 지급하는 금액이라면 과세제외는 것이나, 소송을 취하하는 조건으로 합의금을 지급하는 경우에 당해 합의금은 사례금 성격으로 기타소득에 해당하여, 이를 지급하는 자는 지급금액의 20%(주민세 2% 별도)를 원천징수해서 다음달 10일까지 관할 세무서에 신고 및 납부를 해야 하는 것입니다.

과세기간 중 외국인이 한국 국적 취득 시 외국인 근로자 과세특례 적용 여부는?

Q 당사에 외국인이 있는데 결혼을 해서 한국 국적을 취득(6월)했습니다. 그전까지는 외국인 비과세를 적용하였는데 연말정산 진행 시 5월까지 소득을 비과세해야 할지 아니면 외국인이 아닌 걸로 적용해야 하나요?

A 외국인 근로자가 과세기간 중 대한민국의 국적을 취득한 경우 외국인 근로자로서 지급받은 근로소득에 대하여 과세특례를 적용하는 것입니다. (재정경제부 소득세제과-121, 2007.02.12.)

따라서 질의의 경우 5월까지 외국인 근로자 비과세 혜택을 적용받게 됩니다.

국외근로를 제공한 비거주자에 대해 국내에서 급여 지급 시 국내원천소득 해당 여부는?

Q 당사에는 미국법인(자회사)에서 파견근무하는 외국인이 4명이 있는데 2명은 미영주권자이며, 1명은 현지인, 나머지 1명은 주민등록번호가 있는 J2비자로 미국에 체류 중입니다. 급여는 모두 국내에서 지급하고 있으며, 모두 미국에서 생활하고 있습니다. 원천세 처리 방법은 어떻게 되는지요?

A

행정해석 ✓

- 내국법인이 출자한 해외 자회사에 고용되어 국외에서만 근로를 제공하는 비거주자가 국내 모회사로부터 부여받은 주식매수선택권을 행사함으로써 얻은 이익은 「소득세법」 제119조 제7호에 따라 국내원천소득에 해당되지 아니하는 것입니다. (국제세원관리담당관실-301, 2011.06.24.)

- 내국법인이 비거주자를 채용하여 일본에서 근로를 제공하게 하고 대가를 지급하는 경우 동 대가는 비거주자의 국외원천 근로소득에 해당하므로 대한민국과 일본간의 조세협약 제15조 및 소득세법 제3조의 규정에 의하여 대한민국에서 과세되지 않는 것임. (서면인터넷방문상담2팀-1200, 2006.6.23.)

- 거주자가 외국 모회사가 출자한 내국법인에 근무하면서 외국 모회사로부터 주식매수선

택권을 부여받아 주식매수선택권의 부여조건 성립시까지 국내에서 내국법인에게 근로를 제공하고 내국법인을 퇴사하여 비거주자가 된 이후에 주식매수선택권을 행사함에 따라 얻은 행사이익은 「소득세법」 제119조 제7호 및 「한·캐나다조세조약」 제14조 【인적용역】 (2006.12.18. 발효되기 전의 것)에 따라 국내원천 근로소득에 해당하는 것임. (법규과-1600, 2010.10.26.)

따라서 해외에서 근로를 제공하면 국외소득이며, 국내 거주자라면 원천징수의무를 수행해야 하지만 비거주자에 해당하여 원천징수 의무가 없습니다.

한국 국적을 가진 외국 영주권 소지자에 대한 연말정산 방법은?

당사에 한국 국적을 가지고 있으면서 미국 영주권을 가진 직원이 있습니다. 대한 민국 주민등록증은 말소상태로 1년 이상 국내에 거소를 두고 있으며, 가족은 외국에서 거주하고 있습니다. 연말정산을 어떻게 해야 하나요? 외국인 단일세율 적용이 가능한가요?

A

관련 법규 ✓

- 조세특례제한법 시행령 제16조의2(외국인 근로자에 대한 과세특례)

  ④ 법 제18조의2 제2항을 적용받으려는 외국인 근로자(해당 과세연도 종료일 현재 대한민국의 국적을 가지지 아니한 사람만 해당한다.)는 근로소득세액의 연말정산 또는 종합소득과세표준확정신고를 하는 때에 「소득세법 시행령」 제198조 제1항에 따른 근로소득자 소득세액공제 신고서에 기획재정부령으로 정하는 외국인 근로자 단일세율적용신청서를 첨부하여 원천징수의무자·납세조합 또는 납세지 관할 세무서장에게 제출하여야 한다.

- 거주자 여부는 국내에서 생계를 같이하는 가족 및 국내에 소재하는 자산의 유무 등 생활관계의 객관적 사실에 따라 판정한다. (사전-2016-법령해석국조-0117, 2016.04.14.)

- 소득세법 시행령 제2조(주소와 거소의 판정)

③ 국내에 거주하는 개인이 다음 각 호의 어느 하나에 해당하는 경우에는 국내에 주소를 가진 것으로 본다.

    1. 계속하여 183일 이상 국내에 거주할 것을 통상 필요로 하는 직업을 가진 때

    2. 국내에 생계를 같이하는 가족이 있고, 그 직업 및 자산상태에 비추어 계속하여 183일 이상 국내에 거주할 것으로 인정되는 때

■ 소득세법 시행령 제2조의2(거주자 또는 비거주자가 되는 시기)

① 비거주자가 거주자로 되는 시기는 다음 각 호의 시기로 한다.

    1. 국내에 주소를 둔 날

    2. 제2조 제3항 및 제5항에 따라 국내에 주소를 가지거나 국내에 주소가 있는 것으로 보는 사유가 발생한 날

    3. 국내에 거소를 둔 기간이 183일이 되는 날

■ 소득세법 시행령 제4조(거주기간의 계산)

① 국내에 거소를 둔 기간은 입국하는 날의 다음날부터 출국하는 날까지로 한다.

③ 국내에 거소를 둔 기간이 1과세기간 동안 183일 이상인 경우에는 국내에 183일 이상 거소를 둔 것으로 본다.

따라서 영주권은 한국 국적을 유지하면서 해당 국가에서 영구히 거주할 권리로서 질의의 대한민국 국적을 가진 재외국민은 외국인 근로자 과세특례 적용대상이 아니므로 외국인 단일세율 적용은 불가하며, 국내에 거소를 둔 기간이 183일 이상으로 거주자에 해당하는 연말정산을 수행해야 합니다.

해외파 축구선수의 거주자 판정 방법은?

Q A씨는 2007년~2014년 J리그에서 활동하였으며, 2012년~2014년까지 1년 중 대부분을 일본에서 체류했고(국내 체류일수 평균 28일), 국내에 생계를 같이 하는 부모가 거주하고 있습니다. 한·일 양국 가운데 거주지를 어디로 보아야 하는지요?

A

 판례 ✓

■ 구 소득세법 시행령 제2조 제1항이 국내에 주소를 가진 것으로 보는 요건으로 들고 있는 '국내에 생계를 같이 하는 가족'이란 우리나라에서 생활자금이나 주거장소 등을 함께 하는 가까운 친족을 의미하고, '직업 및 자산상태에 비추어 계속하여 1년 이상 국내에 거주할 것으로 인정되는 때'란 거주자를 소득세 납세의무자로 삼는 취지에 비추어 볼 때 1년 이상 우리나라에서 거주를 요할 정도로 직장관계 또는 근무관계 등이 유지될 것으로 보이거나 1년 이상 우리나라에 머물면서 자산의 관리·처분 등을 하여야 할 것으로 보이는 때와 같이 장소적 관련성이 우리나라와 밀접한 경우를 의미한다. (대법 2013두16876, 2014.11.27.)

■ 어느 개인이 소득세법상의 국내 거주자인 동시에 외국의 거주자에도 해당하여 그 외국법상 소득세 등의 납세의무자에 해당하는 경우에는 하나의 소득에 대하여 이중으로 과세될 수도 있으므로, 이를 방지하기 위하여 각국 간 조세조약을 체결하여 별도의 규정을 두고 있다. 납세의무자가 이러한 이중거주자에 해당하는 사실이 인정된다면 그 중복되는 국가와 체결

된 조세조약이 정하는 바에 따라 어느 국가의 거주자로 간주될 것인지를 결정하여야 한다.
(대법 2014두13959, 2015.02.26.)

- 이에 따라 한·일 조세조약 제4조는 제1항 본문에서 "이 협약의 목적상 '일방체약국의 거주자'라 함은 그 체약국의 법에 따라 주소·거소·본점 또는 주사무소의 소재지, 또는 이와 유사한 성질의 다른 기준에 따라 그 체약국에서 납세의무가 있는 인을 말한다."고 정하고 있다. 또한 같은 조 제2항은 "이 조 제1항의 규정에 의하여 어느 개인이 양 체약국의 거주자가 되는 경우, 그의 지위는 다음과 같이 결정된다."고 정하면서, (a)호에서 "그는 그가 이용할 수 있는 항구적 주거(permanent home)를 두고 있는 체약국의 거주자로 본다. 그가 양 체약국 안에 이용할 수 있는 항구적 주거를 가지고 있는 경우, 그는 그의 인적 및 경제적 관계가 더 밀접한 체약국(중대한 이해관계의 중심지, center of vital interests)의 거주자로 본다."고 규정하고, 나아가 (b)호,(c)호 및 (d)호에서 순차적으로 (a)호에 의하여 결정할 수 없는 경우에 한·일 조세조약상 거주자의 지위를 결정하는 기준을 마련하고 있다.

  여기서의 항구적 주거란 개인이 여행 또는 출장 등과 같은 단기체류를 위하여 마련한 것이 아니라 그 이외의 목적으로 계속 머물기 위한 주거 장소로서 언제든지 계속 사용할 수 있는 모든 형태의 주거를 의미하는 것이므로, 그 개인이 주거를 소유하거나 임차하는 등의 사정은 항구적 주거를 판단하는 데 고려할 사항이 아니다. 이러한 항구적 주거가 양 체약국에 모두 존재할 경우에는 한·일 조세조약상 이중거주자의 거주지국에 대한 다음 판단기준인 중대한 이해관계의 중심지, 즉 양 체약국 중 그 개인과 인적 및 경제적으로 더욱 밀접하게 관련된 체약국이 어디인지를 살펴보아야 하고, 이는 가족관계, 사회관계, 직업, 정치·문화 활동, 사업장소, 재산의 관리장소 등을 종합적으로 고려할 때 양 체약국 중 그 개인의 관련성의 정도가 더 깊은 체약국을 의미한다.

- A씨는 우리나라와 일본 모두에 항구적 주거를 두고 있으나, 인적 및 경제적 관계가 더욱 밀접하게 관련된 체약국은 우리나라가 아닌 일본이므로 한·일 조세조약상 일본의 거주자로 보는 것이 옳다.
  - A씨는 졸업 후 2007년부터 계속 일본리그에서 활동하다가 일본 회사하고 2012년~2014년까지 3년으로 계약을 체결하였다.
  - 일본 주거는 A씨가 단기체류를 위한 곳이 아니라 일본 회사와의 계약기간 동안 계속 머물기 위한 주거장소로서 그 가족(부모)이 장기간 계속하여 실제 사용하기도 하였다.
  - 2012년부터 2014년까지 계약기간 동안에 일본 회사가 주최하는 행사와 소재지에서 개

최되는 각종 공공행사 등에 참여하였으며, 이는 A씨의 국외 체류일수가 평균 337일에 이르는 반면, 국내 체류일수는 평균 28일에 지나지 않는 점을 보더라도 알 수 있다.

- 평균 체류일수 28일도 국가대표로 선발되어 일시적으로 한국을 방문한 것에 불과하고, 우리나라에서 사회활동이나 사업활동을 하였다고 볼 자료도 없다.

A씨의 국내 재산(아파트, 예금 등)은 일본에서도 충분히 관리할 수 있었던 것으로 보이며, A씨의 부모와 가족이 아파트에 거주하기는 하였으나 이는 별다른 소득이 없는 가족들을 부양하기 위한 것일 뿐이다. (대법 2018두60847, 2019.03.14.)

미국 주재원의 국내 복귀 시
연말정산 및 원천징수 처리는?

사례

Q 당사에서 2년간 해외파견을 다녀온 직원이 있는데 연말정산 방법은 어떻게 되는 지요? 그리고 파견기간 동안 국내소득은 없고 해외소득만 있으며 그동안 미국에서 납부했던 주정부세에 대해서도 외국납부세액공제로 반영이 가능한가요?

A ■ 해외파견자 근로자의 소득세 원천징수 방법 및 해외파견 임직원 거주자 판정

• 외국인 또는 외국법인으로부터 지급받는 급여는 (구)소득세법 제20조 제1항 제2호 나목에서 규정하는 을종근로소득에 해당되므로 동법 (구)제70조의 규 정에 의하여 거주자가 종합소득과세표준 확정신고를 하여야 하며, 내국법인이 지급하는 급여는 그 거주자의 갑종근로소득세에 해당되므로 동법 (구)제134조 및 제137조의 규정에 의하여 원천징수하여야 하는 것입니다. (법인46013-689, 1997.03.07.)

• 거주자나 내국법인의 국외사업장 또는 해외현지법인(내국법인이 발행주식총수 또 는 출자지분의 100분의 100을 직접 또는 간접 출자한 경우에 한정한다) 등에 파견된 임 원 또는 직원이나 국외에서 근무하는 공무원은 거주자로 본다. (소득세법 시행령 제3조)

• 내국법인이 사우디아라비아법인에 소속직원을 파견함에 있어 파견된 직원이 국외에 1년 이상 거주할 직업을 가지고 출국하더라도 그 파견직원이 주민등록

을 말소하지 않고 내국법인과 고용관계를 계속 유지하는 등 생활의 근거지가 국내에 있는 경우 해당 파견직원은 소득세법 제1조의2에 따른 거주자에 해당한다. (소득세과-295, 2012.04.09.)

따라서 해외파견 거주자의 경우 국내 및 국외발생소득에 대해 모두 소득세 신고 의무가 있는 것이므로 소득이 발생한 다음연도 5월에 주소지 관할 세무서에 소득세 확정신고 및 납부를 해야 하는 것입니다. 국외근로소득에 대한 소득세를 신고하는 경우에는 국외에서 발생한 근로소득 내역과 국외에서 납부한 세액을 확인할 수 있는 자료를 제출해야 합니다.

납세조합에 가입하였으면 납세조합이 당해 조합원에 대한 소득세를 징수하여 납부하고 연말정산을 수행하여 납세의무가 종결되는데(소득세법 제149조, 제150조), 납세조합에 가입하지 않았으면 익년도 5월에 종합소득 과세표준 확정신고를 하며 외국납부세액공제가 가능합니다.

행정해석 ✓

- (구)「소득세법」시행령 제117조 제1항 제1호 내지 제2호의 규정에 부합하는 미국 주정부세의 경우에는 소득세법 제57조에 규정하는 외국납부세액공제를 적용받을 수 있는 것입니다. (서면인터넷방문상담2팀-1419, 2005.09.06.)

- 외국납부세액공제 신청은 (구)「소득세법」시행규칙 별지 제98호 서식에 의하여 납부세액의 증빙서류를 첨부하여야 하며, 외국납부세액 공제 신청 시 첨부되는 납부세액의 증빙서류로는 외국 정부에 소득세가 납부된 사실을 확인할 수 있는 서류(예: 외국정부가 발생한 납부세액 증명서나 납세사실증명, 소득세 납부영수증 등)를 제출하면 되는 것이다. (국이22601-411, 1989.08.16.)

- 외국납부세액의 원화 환산은 일본 법인이 일본 과세당국에 세액을 납부한 때의 외국환거래법에 의한 기준환율 또는 재정환율을 적용하는 것임. (국제세원관리담당관실-279, 2012.06.05.)

※ 외국납부세액공제(소득세법 제57조)
거주자의 경우 국내·외 모든 원천소득에 대해 과세가 되는데 거주자의 국외소득이 외국에서 과세되고 국내에서 다시 과세하게 되면 이중과세가 되므로 이를 조정하기 위한 제도

중국 주재원의 급여를 현지법인에서 모두 지급하는 경우 원천징수 처리는?

사례

Q 우리나라 본사에서 중국 현지법인에 파견된 직원이 있습니다. 지금까지는 한국 본사에서 월급을 주고 주재수당은 중국 현지법인에서 받았습니다. 내년부터 중국 현지 법인에서 모든 급여를 지급한다고 합니다. 이 두 가지 경우 한국과 중국에서 소득세 납세의무는 어떤 차이가 있나요?

A 조세협약 등 관련 규정을 보면 중국 현지법인의 파견근로자, 즉 주재원의 급여에 대한 납세의무는 한·중 조세협약 제15조 제2항에 따라 12월의 기간 중 연속 또는 누적하여 183일을 초과하는 경우 그 지급이 국내 국외인지를 불문하고 모두 용역수행 지국인 중국에서 과세됩니다. 반대로 국내에서 파견한 임직원 등이 12월의 기간 중 연속 또는 누적하여 183을 초과하지 않고, 임직원 등이 지급받는 급료 등 대가를 중국의 거주자가 아닌 고용주가 지급하거나 그를 대신해서 지급하거나, 한국의 내국 법인이 중국 내에 설치한 지점이 당해 급여를 경비로 부담하지 않는 경우에는 중국에서 과세되지 않습니다.

다만 한국에서는 소득세법 시행령 제2조 규정에 따라 직업을 갖고 입국하는 때에는 조약상 183일 규정을 적용하지 않습니다. 또한, 1년 이상을 중국에서 체류한 경우 중국의 개인소득세법상의 거주납세의무자로서 국내외 원천소득에 대해 개인소득세를 납부해야 하는 무제한 납세의무를 집니다.

중국 개인소득세의 납세의무					
구분	체류기간	중국 원천소득		국외 원천소득	
		중국 내 지급	해외 지급	중국 내 지급	해외 지급
비거주자	183일 미만	과세	비과세	비과세	비과세
	183일~1년 미만	과세	과세	비과세	비과세
거주자	1년~5년 미만	과세	과세	과세	비과세
	5년 이상	과세	과세	과세	과세

1년 이상 거주하였더라도 만 5년을 거주하지 않은 경우에는 중국 국외 원천소득의 경우 중국 국내에서 지급받은 소득에 대해서만 납세의무를 지며, 5년 이상을 거주한 경우에는 중국 국외 원천소득이라 하더라도 지급지의 국내외 여부를 불문하고 모든 소득에 대해 납세의무를 집니다. 단, 중국 국내에서 5년을 거주했다는 것은 개인이 중국 국내에서 연속적으로 5년을 거주했다는 것을 말하며, 5년 중 1년이라도 거주기간 요건을 충족하지 못하는 경우에는 거주기간을 다시 계산하게 됩니다.

중국에서 만 1년 거주란 중국 국내에서 365일을 거주하는 것을 의미하며, 일시적인 출국은 거주하고 있는 것으로 간주하여 거주기간이 계산됩니다. '일시적인 출국'이란 과세기간(역년 1월1일부터 12월31일까지) 중 1회의 출국의 일수가 30일을 초과하지 않거나 수회의 출국이라도 출국일수의 누계가 90일을 초과하지 않을 경우를 말합니다.

※ 자료 : 국세청-한·중 세금상식, 2014.11.

동일년도에 퇴직 후 재입사하는 경우 연말정산 방법은?

사례
Q 동일한 연도에 퇴사(1.1~7.31)하고 재입사(9.1)한 직원이 있습니다. 연말정산을 어떻게 해야 하나요? 중도퇴사자 신고 1장, 계속근무자에 전근무지 포함해서 1장 이렇게 두 장을 제출해야 하는지요?

A 동일한 과세기간에 퇴사 후 재입사하였어도 퇴사 당시 중도정산을 수행하고, 연말정산 시 퇴사자 정산 결과를 종전근무지란에 기재합니다.

관련 법규 ✓

- 소득세법 제138조(재취직자에 대한 근로소득세액의 연말정산) ① 해당 과세기간 중도에 퇴직하고 새로운 근무지에 취직한 근로소득자가 종전 근무지에서 해당 과세기간의 1월부터 퇴직한 날이 속하는 달까지 받은 근로소득을 포함하여 제140조 제1항에 따라 근로소득자 소득·세액 공제신고서를 제출하는 경우 원천징수의무자는 그 근로소득자가 종전 근무지에서 받은 근로소득과 새로운 근무지에서 받은 근로소득을 더한 금액에 대하여 제137조에 따라 소득세를 원천징수한다.

- 소득세법 시행령 제197조에 따라 현근무지에 전근무지의 「근로소득원천징수영수증」과 「소득자별근로소득원천징수부」 사본을 제출하지 않아 전근무지의 근로소득을 합산하여 연말

정산하지 않으면, 근로자 본인이 다음연도 5월 말일까지 종합소득세 확정신고를 하여야 하는 번거로움이 있으며 다음연도 5월 말일까지 종합소득세 무신고시 가산세를 부담하게 되는 불이익이 있다.

그리고 동일인의 지급명세서는 근무기간이 연속되지 않더라도 두 장으로 제출하면 안 되고 한 장으로 제출하여야 합니다(질의의 경우 계속근무자로 전근무지 포함해서 1장 제출).

중도퇴사자가 퇴직한 달의 소득세가 전액 환급인 경우 이행상황신고서 작성방법은?

사례

Q 직원이 3월에 퇴사하였습니다. 3월 급여 300만원과 소득세 5만원이 나왔습니다. 그동안 3월 누계 급여 900만원과 퇴사 시 소득세 -10만원의 환급이 나온 경우 중도퇴사자의 원천징수이행상황신고서 작성은 어떻게 해야 하나요?

A 간이세액과 중도퇴사자 소득세액을 합산하여 간이세액란에 기재하지 않고, 간이세액란에 모두 기재했다가 다시 중도퇴사란에 기재합니다.

구분	코드	인원	총지급액	소득세
간이세액	A01	1	300만원	5만원
중도퇴사	A02	1	900만원	-10만원

A01은 당월 급여분을 적고 A02는 연도 중에 중도퇴사자 연말정산 결과를 기재하는 것으로 중도퇴사자는 퇴사한 달의 급여를 지급할 때에 연말정산한 소득세를 징수(환급)하는 것이므로 퇴사 시까지의 총지급액을 기재합니다. 그리고 퇴사한 달을 귀속월로, 퇴사한 달의 급여를 지급한 달을 지급월로 기재한 원천징수이행상황신고서를 그 징수일이 속하는 달의 다음 달 10일까지 신고 납부하여야 합니다.

누락된 근로소득이 있어 연말정산을 다시 할 경우 소득세 부과제척기간은?

Q 근로자 중에 과거 근로소득이 누락되어 연말정산을 다시 하려고 합니다. 국세기본법상 법정신고기한 내에 과세표준신고서를 제출하지 않은 경우로 보아 7년의 제척기간이 적용된다고 들었는데 몇 년인가요?

A 국세부과의 제척기간에 관하여, 국세기본법 제26조의2 제1항 제2호에 의하면 납세자가 법정신고기한까지 과세표준신고서를 제출하지 아니한 경우에는 해당 국세를 부과할 수 있는 날부터 7년간(역외거래의 경우 10년간), 제3호에 의하면 제1호·제1호의2 및 제2호에 해당하지 아니하는 경우에는 해당 국세를 부과할 수 있는 날부터 5년간(역외거래의 경우 10년간)으로 정하고 있습니다.

근로소득만 있는 거주자가 연말정산에 의하여 소득세를 납부하였으나 연말정산에서 누락된 다른 근로소득이 있는 경우 그 소득세에 대한 부과제척기간과 관련한 사안에서 대법원은 다음과 같이 판시하였습니다.

> **판례** ✓
>
> ■ 구 국세기본법(2006. 12. 30. 법률 제8139호로 개정되기 전의 것. 이하 '국세기본법'이라고 한다) 제26조의2 제1항은 무신고와 과소신고를 각각 달리 취급하고 있는 것으로 이해되므로 7년의 부과

제척기간을 규정한 국세기본법 제26조의2 제1항 제2호는 과세표준확정신고를 하여야 할 의무가 있음에도 아예 그 신고를 하지 아니한 무신고의 경우에 적용되고 과소신고의 경우에는 국세기본법 제26조의2 제1항 제3호에 의하여 5년의 부과제척기간이 적용된다고 보아야 한다. 이러한 점에다가 (구) 소득세법(2007. 12. 31. 법률 제8825호로 개정되기 전의 것. 이하 '소득세법'이라고 한다) 제70조 제1항 각 호의 어느 하나에 해당하는 거주자가 원천징수나 연말정산에 의하여 소득세를 납부한 경우에는 같은 호의 소득이 누락되었다고 하더라도 이를 과소신고와 마찬가지로 취급하는 것이 소득세 납부의 간이화와 과세의 편의를 도모하기 위하여 과세표준확정신고의 예외를 규정한 소득세법 제70조 제1항 등의 취지에 부합하는 점 등을 함께 고려하여 보면, 근로소득만 있는 거주자가 연말정산에 의하여 소득세를 납부한 경우에는 연말정산에서 누락된 다른 근로소득이 있다고 하더라도 그 소득세에 대한 부과제척기간은 특별한 사정이 없는 한 5년으로 보아야 할 것이다. (대법 2013두5555, 2013.07.11.)

PART 03

4대 보험

보수월액 변경신고, 반드시 해야 하나요?

Q 건강보험 개인별 내역을 보니 보수월액이 전년도 금여로 등록되어 부과되고 있습니다. 올 초부터 전직원 임금인상이 되어서 보수가 인상되었는데 보수월액 변경 신청해야 하는지요?

A 보수월액 변경 신청을 통하여 보험료 연말(퇴직) 정산 시 추가 또는 반환금액을 줄임으로써 가능한 실제 소득에 맞는 보험료를 부과하기 위해 보수월액 변경 신청을 하는 것입니다. 이는 임금인상·승진·승급·강등·감봉 등 보수월액 변동내역을 반영하여 보험료 정산을 실시함으로써 일시적으로 발생하는 부담을 개선하기 위한 것입니다.

보수월액 변경도 정정월부터 변경된 보수월액으로 소급 적용이 가능하며, 정산 보험료가 당월보험료 이상인 경우에는 별도의 사업장 신청이 없어도 5회 당연분할 납부가 실시되었습니다(시행령 제39조 제4항).

※ 참고
일시납부 또는 10회 이내로 분할납부 신청도 가능합니다. 아울러, 2016년 1월 1일부터 상시 100명 이상 사업장은 보수변경신고가 의무화 되었습니다(시행령 제36조).

중도입사자에 대한 건강보험료 정산이 전부 환급이 나온 이유가 있나요?

Q 당해연도 중도입사자가 많이 있습니다. 정산 결과 모두 환급이 나왔습니다. 과세 부분 정확하게 반영해서 신고를 했고, 매월 보험료 지급했습니다. 보수총액 신고 시 과세부분 신고하였는데 전전년도 금액이 없어서 전년도에 대한 정산금액이 '0'원이 나와야 하지 않나요?

A 직장가입자보수총액 통보서 작성 시 연간보수총액, 근무월수를 입력하게 되는데 근무월수 산정 방법은 1일이라도 근무하여 근로의 대가로 보수를 받은 경우 근무월 수 산정에 포함됩니다. 즉, 연간 총보수를 근무월수로 나누어 얻은 보수월액을 기재 하게 됩니다.

예를 들어 월급여가 100만원이며 3개월 15일 근무하였을 경우 총보수는 350만 원, 근무개월수는 4개월로 나누면 보수월액은 87만5천원이 나오게 됩니다.

따라서 정산보험료가 환급이 나오게 되는 것입니다.

4대 보험료 근로자 부담금을 사업주가 대납한 경우 문제가 없나요?

Q 건강보험료, 국민연금, 고용보험 근로자부담금이 발생하는데, 이 부담금을 회사에서 대신 납입해줄 경우 문제가 되는지요?

A 근로자와 사용자 간에 근로계약을 체결함에 있어 일정금액으로 근로계약을 명백히 체결하고 근로자에게 납부 의무가 부여된 사회보험료 및 각종 세금 등을 사용자가 부담하기로 하는 소위 네트(NET)계약을 체결한 경우에 근로자 퇴사 시 사업주가 대납한 보험료가 '평균임금' 산정에 들어가는지가 이슈가 될 수 있습니다.

행정해석 및 판례 ⊘

- 근로기준법 제2조 제1항 제6호의 규정에 따라 '평균임금'이란 이를 산정하여야 할 사유가 발생한 날 이전 3개월 동안에 그 근로자에게 지급된 임금의 총액을 그 기간의 총일수로 나눈 금액을 말하며, 상기의 '임금'이란 같은 법 제2조 제1항 제5조의 규정에 따라 사용자가 근로의 대가로 근로자에게 임금, 봉급, 그 밖에 어떠한 명칭으로든지 지급하는 일체의 금품을 말함.

- 취업규칙에 의해 법령상 근로자가 부담하여야 하는 건강보험료를 회사가 납부하고 그에 해당하는 금액을 계속적·정기적으로 근로자에게 지급해 온 경우라면 이는 근로의 대가로서

임금에 해당할 것으로 사료됨. (근로기준정책과-3623, 2015.08.10.)

- 회사는 노동조합과 매월 개인연금 1만원씩을 퇴직시까지 불입하기로 노사합의를 하고, 그 무렵부터 전근로자들에게 매월 '기타수당'이라는 항목으로 1만원씩을 지급하였으며, … 회사는 개인연금보조금을 지급함에 있어서 이를 월급여의 총액에 포함시켜 소득세까지 공제하여 왔다는 것이므로, 위 개인연금보조금은 정기적·계속적으로 지급되어 온 것으로서 단체협약에 의하여 회사에 그 지급의무가 지워져 있는 것이자, 사용자가 은혜적으로 지급하는 것으로 보기는 어렵다할 것이다. 따라서 근로기준법상 평균임금 산정의 기초가 되는 임금에 해당한다. (대법 2003다54322, 54339, 2006.05.26.)

비과세 국외근로소득은 취득신고 시 제외 또는 포함하는지요?

Q 월 100만원 비과세 되는 국외근로소득이 있는 해외파견직원이 있습니다. 기준소득월액 및 보수월액 신고 시 월 100만원 차감하고 신고하면 되는지요?

A
■ 보수월액(건강보험료)

= 근로소득 - 비과세소득(일부 포함) + 국외근로소득 등 - 국외근로소득(원양어업 선박, 외국항행 선박·항공기 및 북한지역 근로)

※ 소득세법에 월 300만원 한도 내에서 비과세 처리되더라도 국민건강보험법 시행령 제33조에 의거 전액 보수에 포함

■ 기준소득월액(연금보험료)

근로자의 경우 사용자가 근로자에게 근로의 대가로 지급되는 임금 중 소득세법 제20조 제1항의 규정에 따른 근로소득에서 동법 제12조 제3호의 규정에 따른 비과세소득을 차감한 소득

※ 소득세법 제12조 제3호에 따른 비과세소득의 범위에 대한 유권해석기관은 국세청임

■ 보수(산재·고용보험료)

소득세법에 따른 근로소득에서 비과세근로소득을 뺀 금액

※ 보수는 소득세법에 따른 총급여액의 개념과 동일하며(근로소득의 개념과는 상이), 연말정산에 따른 갑근세 원천징수 대상 근로소득과 동일

■ 비과세 소득의 범위와 사회보험 부과 기준

국외 또는 남북교류협력에 관한 법률에 의한 북한지역에서 근로를 제공하고 받는 대통령령이 정하는 급여	한도 (매월)	보험료 부과 여부		
		건강 보험	국민 연금	고용 산재
- 국외 또는 남북교류협력에 관한 법률에 의한 북한지역에서 근로를 제공하고 받는 보수	100만원	○	×	×
- 원양어업 선박 또는 국외 등을 항행하는 선박에서 근로를 제공하고 받는 보수	300만원	○	×	×
- 국외 등의 건설현장에서 근로를 제공하고 받는 보수	300만원	○	×	×

직원 퇴사로 인한 4대 보험 자격상실일 기준 및 각종 사유별 상실일자는?

사례

Q 직원이 3월 31일까지 근무하고 퇴사하였는데 4대 보험 상실일자를 3월 31일로 해야 하나요? 아니면 4월 1일자로 해야 하나요?

A 사업주와 고용관계가 종료된 경우(근로자가 이직한 경우)의 자격상실일은 고용관계가 끝나는 날의 다음 날(이직한 날의 다음 날)이 되는 것입니다.

따라서 질의의 경우 4월 1일이 됩니다.

구분	사유	자격상실일
공통	근로자가 고용·산재보험 적용제외 근로자가 된 경우	적용 제외된 날
	고용·산재보험 적용제외 사업으로 근로자의 고용관계가 변경되는 경우	변경된 날
	보험관계가 소멸하는 경우	보험관계가 소멸한 날
	사업주와 고용관계가 종료된 경우	고용관계가 끝나는 날의 다음 날
	근로자가 사망한 경우	사망한 날의 다음 날
고용보험	근로계약의 변경 등으로 피보험자격을 상실한 경우	기존 근로관계 끝나는 날의 다음 날
	고용보험에 가입된 외국인 근로자가 고용보험 탈퇴를 신청한 경우	탈퇴신청한 날의 다음 날
	고용보험에 가입된 별정직·임기제 공무원이 고용보험 탈퇴신청한 경우	탈퇴신청한 날의 다음 날
	이중고용으로 먼저 취득한 피보험자격을 상실한 경우	나중에 고용된 사업에서의 피보험자격을 취득한 날
산재보험	해외파견 사업으로 파견되는 경우	국내 사업에서 고용관계가 끝나는 날의 다음 날
	사업종류 변경으로 부과고지 사업에서 자진신고 사업으로 변경된 경우	변경된 날

구분	사유	자격상실일
건강보험	사망한 경우	사망한 날의 다음 날
	국적을 상실한 경우	국적을 잃은 날의 다음 날
	의료급여수급 대상	의료급여수급권자가 된 날
	사업장에서 퇴직(퇴사)	퇴직(퇴사)한 날의 다음 날
	국가유공자 등 의료보호 대상	적용배제신청을 한 날
국민연금	사용관계가 종료(퇴사)된 때	사유가 발생한 날의 다음 날
	60세에 달한 때	
	근로자에서 제외된 때	
	기초수급자가 적용제외 신청서를 제출한 때	
	국적상실 또는 국외이주한 때	
	사망(사망추정 포함)한 때	사유가 해당하게 된 날
	다른 공적연금 가입 or 퇴직연금 등 수급권 취득	
	60세 미만 특수직종 근로자가 노령연금수급권 취득	
	60세 미만자로 조기노령연금수급권 취득	
	무소득 사회복지시설 대표자가 적용제외 신청한때	

산재휴가 복직 시 4대 보험 처리는?

Q 산재요양을 간 직원이 오늘 복직하려고 합니다. 계속 연장하다가 휴직기간이 조금 남았지만 일찍 복직하겠다고 합니다. 4대 보험 처리절차가 어떻게 되는지요?

A 복직자가 있는 경우 다음과 같이 처리합니다.

① 건강보험 : 휴직자 등 직장가입자 보험료 납입 고지 유예 신청서(해지신청서)

※ 납입고지 유예기간 중 발생한 추가 징수 보험료는 고지유예 되어 고지유예 해지 시(복직) 부과하는데, 휴직기간이 1개월 이상인 경우 무보수 휴직자는 휴직전월 정산 전 보수월액 기준으로 산정한 보험료의 50% 경감합니다.

아울러, 경감적용기간은 휴직일이 속하는 달의 다음 달부터 복직일이 속하는 달까지 적용(다만, 휴직일이 매월 1일인 경우에는 휴직일이 속하는 달부터 적용하고, 복직일이 매월 1일인 경우 복직일이 속하는 전달까지 적용)

※ 보험료 납입고지 유예기간은 정산(연말정산, 퇴직정산) 대상기간에서 제외됨

② 국민연금 : 연금보험료 납부재개신고서

※ 납부예외자가 복직하였을 경우 복직일을 '납부재개일'로 기재하여 납부재개신고서 제출하며 복직 당시 지급이 예측 가능한 모든 근로소득을 포함해야 함.(단, 비과세 제외)

※ 휴직자가 복직하였을 때에는 복직일이 속하는 달의 다음 달부터 연금보험료 납부
(다만, 복직일이 초일인 경우와 복직하는 달의 보험료 납부를 희망하는 경우, 해당월 보험
료 납부)

③ 고용·산재 : 근로자 내역(정보) 변경 신고

※ 사업주는 근로자의 자격이 변경된 경우 변경일로부터 14일 이내에 신고

5일 근무하고 퇴사한 경우 취득·상실 신고를 반드시 해야 하나요?

사례

Q 월요일에 정규직으로 입사하고 금요일에 퇴사한 직원이 있습니다. 입사하고 나서 직원과 불화를 일으켜서 권고사직 처리하였고, 근무일수가 짧아서 잡비로 처리하고 4대 보험 신고를 안 했는데 문제가 없는 건가요?

A 실무적으로 잡비로 처리하는 경우가 있습니다만 퇴사한 직원이 고용보험센터에 가서 실업급여 신청을 하는 경우에는 신고 공문이 사업장으로 통보되기 때문에 1개월 이상 지연신고 시 과태료가 부과될 수 있습니다.

따라서 원칙대로 업무를 처리하는 것이 추후 예상하지 못한 리스크를 예방할 수 있습니다.

사업주는 고용된 근로자가 이직하여 상실(종료)사유가 발생한 경우 상실연월일, 상실사유, 보수총액 등을 이직한 날이 속하는 달의 다음 달 15일까지 공단에 신고해야 합니다. (단, 근로자가 동 기일 이전에 고용보험 피보험자격의 상실신고를 요구하는 경우에는 지체 없이 신고하여야 함)

아울러, 상실사유는 고용보험 실업급여 수급자격 및 고용안정지원금과 관련하여 중요한 기초자료가 되므로 정확하게 확인하여 상실사유와 구분코드를 구체적으로 기재하여야 합니다.

초단시간 근로자도 실업급여를 받을 수 있나요?

사례

Q 주 15시간 미만 초단시간 근로자도 퇴사하면 실업급여를 받을 수 있는지요?

A 2019.10.1 이전에는 실업급여 수급요건이 이직 전 18개월 이내에 유급근로일이 180일 이상 되어야 하므로 주 2일 이하 또는 주 15시간 미만 근로하는 초단시간 근로자는 18개월 동안 유급근로일이 최대 156일밖에 안 되 아예 조건을 만족하지 못하였습니다.

그러나 2019년 10월 1일부터는 초단시간 근로자도 이직 전 24개월 동안 180일 이상 근로하면 실업급여를 받을 수 있도록 실업급여 수급요건을 완화하였습니다. (실업급여 유급근로일 산정기간 확대).

아울러, 실업급여 하한액은 지급수준 및 지급확대를 고려하여 최저임금의 90%에서 80%로 조정되지만, 법 시행에 따른 하한액이 현행 하한액(60,120원)보다 낮은 경우에는 현행 하한액을 적용하도록 하였습니다.

구분	피보험기간(2019.10.1 개정) / 일수				
	1년 미만	1~3년	3~5년	5~10년	10년 이상
50세 미만	120	150	180	210	240
50세 이상, 장애인	120	180	210	240	270

65세 입사자의
고용보험 부담금 처리기준은?

사례

Q 이전에는 만 64세 이상인 생일부터 고용보험 본인부담금을 제외하였는데 법이 개정되고 프로그램만 믿고 일하다 보니 헷갈릴 때가 있습니다. 본인부담금을 어떻게 처리해야 하는지요?

A 고용보험법 제10조(적용 제외) 제2항은 '65세 이후에 고용(65세 전부터 피보험 자격을 유지하던 사람이 65세 이후에 계속하여 고용된 경우는 제외한다)되거나 자영업을 개시한 사람에게는 제4장 및 제5장을 적용하지 아니한다.'고 규정합니다.

구분	보험료 징수 여부	
	실업급여	고용안정·직업능력개발사업
만 65세 이전 입사자	○	○
만 65세 이후 입사자	×	○

※ '계속하여 고용된 경우'란 원칙적으로 하루라도 근로단절이 없어야 할 것을 의미하나, 동일 사업장에서 고용을 유지해야 한다는 의미는 아니며, 전직할 경우 토요일, 일요일(법정 공휴일), 법정 휴일, 휴무일(교대근무자의 경우)을 제외하고 하루라도 단절이 없어야 함을 의미

※ 일용근로자는 65세 전후 사이에 10일 미만 공백인 경우 실업급여 적용

즉, 개정 후부터는 65세 이후에 고용되거나 자영업을 개시한 자는 실업급여 적용을 제외하나, 65세 전부터 피보험자격을 유지하던 사람이 65세 이후에 계속하여 고용된 경우는 실업급여가 적용됩니다.

고용보험 상실사유 정정 시 과태료가 발생하나요?

Q 원거리 발령으로 인한 퇴사인데 개인사정이라고 담당자가 실수로 잘못 신고하였습니다. 이직확인서는 아직 제출 전인데 상실사유 정정시 과태료가 발생하는지요?

A 위반행위의 횟수에 따른 과태료 부과기준은 최근 1년간 같은 행위로 과태료를 부과 받은 경우에 적용하며 위반행위가 사소한 부주의나 오류로 인한 것으로 인정되는 경우에는 과태료 경감이 가능합니다. 그러나 위반의 내용과 정도가 중대한 경우 과태료 금액을 가중할 수 있습니다.

단순착오로 인한 신고는 즉시 담당자에게 연락하여 반송 조치를 요청할 수 있으나, 이직확인서 정정의 경우에는 경중에 따라 과태료가 발생할 수 있습니다.

위반행위	과태료 금액		
	1차 위반	2차 위반	3차 이상 위반
법 제15조 위반하여 신고를 하지 않은 경우(기간 내 미신고 포함)	피보험자 1명당 3만원 (과태료 합산액 최대 100만원)		
법 제15조 위반하여 거짓 신고	피보험자 1명당 5만원 (과태료 합산액 최대 100만원)	피보험자 1명당 8만원 (과태료 합산액 최대 200만원)	피보험자 1명당 10만원 (과태료 합산액 최대 300만원)

위반행위	과태료 금액		
	1차 위반	2차 위반	3차 이상 위반
법 제16조 위반하여 이 직확인서를 제출하지 않거나 거짓 제출한 경우	100만원	200만원	300만원
법 제16조 위반하여 이 직확인서를 내주지 않은 경우	100만원	200만원	300만원

국민연금 기준소득월액 변경신청은 의무사항인가요?

사례

Q 당사 직원 중에 승진자가 발생하여 기준소득월액이 인상되었습니다. 관련 서류 및 근로자 동의를 받아 신청하려고 하는데 추후 덜 낸 금액에 대해 정산해서 소급해야 하나요? 국민연금소득월액 변경은 의무사항이 아니라고 들었는데 사용자측에서 거부를 해도 문제가 없나요?

A 실제 소득이 기준소득월액 대비 보건복지부장관이 고시하는 소득변동율(20%) 이상 변경된 사업장 가입자는 신청일의 다음 달부터 정기결정 전월까지의 기간 변경된 기준소득월액 적용이 가능합니다. 그러나 기준소득월액 변경은 신청사항이므로 의무적용 사항이 아니며, 근로자의 동의가 반드시 필요합니다.

① 적용대상

　사업장가입자의 소득이 전년도보다 하락 또는 상승하여 변동이 있으며, 기준소득월액 변경을 원하는 근로자 및 사용자

② 소득변경 인정범위

　- 근로자 : 실제 소득이 기준소득월액 대비 20% 이상 변경된 경우

　- 사용자 : 변경 신청 당시 소득을 확인할 수 없으므로 증빙자료 없이 변경신청 인정

③ 신청방법

근로자의 동의를 받아 사용자가 신청하되 임금대장 및 근로계약서 등 소득이

변경되었음을 확인할 수 있는 자료 제출

근로시간 면제자 및 노조전임자도 4대 보험을 공제해야 하나요?

Q 근로시간 면제자와 노조전임자에 대한 급여 지급 시 4대 보험을 공제해야 하는지 요?

A

행정해석 및 판례 ✓

■ 노조전임자에 대한 급여 부담 주체는 노동조합이므로 4대 사회보험료 및 근로소득세의 원천징수 의무 주체도 노동조합이 되어야 할 것으로 사료되나, 4대 사회보험료 및 근로소득세를 원천징수하여 사용자 명의로 납부하여도 되는지에 대해서는 관련 개별 법령에 의거 판단하여야 할 것임. 다만, 사회보험료의 사업주 부담분은 급여가 아니며, 사회보험의 가입 강제 및 사회보험의 취지를 감안할 때 노조전임자의 사회보험료(사업주 부담분)를 사용자가 지원하더라도 이를 부당노동행위로 단정할 수는 없을 것임. (노사관계법제과-1074, 2010.10.20.)

■ 근로시간 면제자에 대한 급여는 근로시간 면제자로 지정되지 아니하고 일반 근로자로 근로하였다면 해당 사업장에서 동종 혹은 유사 업무에 종사하는 동일 또는 유사 직급·호봉의 일반 근로자의 통상 근로시간과 근로조건 등을 기준으로 받을 수 있는 급여 수준이나 지급 기준과 비교하여 사회통념상 수긍할 만한 합리적인 범위를 초과할 정도로 과다하지 않은 한 근로시간 면제에 따라 사용자에 대한 관계에서 제공한 것으로 간주되는 근로의 대가로서,

그 성질상 임금에 해당하는 것으로 봄이 타당하다. 따라서 근로시간 면제자의 퇴직금과 관련한 평균임금을 산정할 때에는 특별한 사정이 없는 한 근로시간 면제자가 단체협약 등에 따라 지급받는 급여를 기준으로 하되, 다만 과다하게 책정되어 임금으로서 성격을 가지고 있지 않은 초과 급여 부분은 제외하여야 할 것이다. (대법 2012다8239, 2018.04.26)

「노동조합 및 노동관계조정법」 제24조 제2항, 제4항에 의하면, 노동조합 업무에만 종사하는 근로자(이하 '노조전임자'라고 한다)는 전임기간 동안 사용자로부터 어떠한 급여도 지급받아서는 아니 되지만, 근로시간 면제 대상으로 지정된 근로자(이하 '근로시간 면제자'라고 한다)는 고시된 근로시간 면제 한도를 초과하지 아니하는 범위에서 임금의 손실 없이 사용자와의 협의·교섭, 고충처리, 산업안전 활동 등의 일정한 업무와 건전한 노사관계의 발전을 위한 노동조합의 유지·관리업무를 할 수 있습니다.

그리고 사용자의 부당노동행위를 규제하는 노동조합법 제81조는 이러한 내용을 반영하여 제4호 본문에서 '노조전임자에게 급여를 지원하거나 노동조합의 운영비를 원조하는 행위'를 부당노동행위로 금지하되, 그 단서에서 '근로시간 면제자가 근로시간 중에 위와 같이 노동조합의 유지·관리 등의 활동을 하는 것을 허용하는 행위'는 부당노동행위에 해당하지 않는 것으로 정하고 있습니다.

따라서 근로시간 면제자에게 급여를 지급하는 행위는 특별한 사정이 없는 한 부당노동행위가 되지 않는 것이 원칙이라고 할 수 있습니다. 다만 타당한 근거 없이 과다하게 책정된 급여를 근로시간 면제자에게 지급하는 사용자의 행위는 노동조합법 제81조 제4호 단서에서 허용하는 범위를 벗어나는 것으로서 노조전임자 급여 지원 행위나 노동조합 운영비 원조 행위에 해당하는 부당노동행위가 될 수 있고, 단체협약 등 노사 간 합의에 의한 경우라도 달리 볼 것은 아닙니다.

대표자는 산재보험 가입이 불가능한가요?

Q 대표자는 산재보험 취득이 안 되는 것으로 알고 있는데 취득하는 경우도 있나요? 만약에 취득이 된 상태면 취소 신청을 하면 그동안 납부한 보험료도 반환되는지요?

A 법인의 대표자는 산재보험 가입대상에서 제외됩니다. 그러나 법률 개정으로 중·소 기업 사업주에 대한 특례조항을 두어 근로자로 보고 보험가입이 가능해졌습니다.

관련 법규 ✓

- 산업재해보상보험법 제124조(중·소기업 사업주에 대한 특례)

  ① 대통령령으로 정하는 중·소기업 사업주(근로자를 사용하지 아니하는 자를 포함한다. 이하 이 조에 서 같다)는 공단의 승인을 받아 자기 또는 유족을 보험급여를 받을 수 있는 자로 하여 보험 에 가입할 수 있다. 이 경우 제5조 제2호에도 불구하고 그 사업주는 이 법을 적용할 때 근 로자로 본다.

- 산업재해보상보험법 시행령 제122조(중·소기업 사업주의 범위)

  ① 법 제124조 제1항 전단에서 "대통령령으로 정하는 중·소기업 사업주(근로자를 사용하지 아니 하는 자를 포함한다.)"란 다음 각 호의 어느 하나에 해당하는 사람을 말한다.

  1. 보험가입자로서 50명 미만의 근로자를 사용하는 사업주

2. 다음 각 목의 어느 하나에 해당하면서 근로자를 사용하지 아니하는 사람. 다만, 법 제125조 제1항 및 이 영 제125조 제2호·제5호·제6호·제9호에 따른 특수형태근로종사 자에 해당하는 사람은 제외한다.

가.~ 타. (12개 업종)

중소기업 사업주 산재보험 보험가입신청서(고용산재보험료징수법 시행규칙 별지 제56호, 제56호의2 서식)는 '근로자를 사용하는 사업주'와 '근로자를 사용하지 않는 사업주'로 구분하여 신청하게 됩니다. 산재보험 중소기업 사업주 보험가입신청에 따라 공단이 보험가입을 승인한 경우 그 신청서의 접수일의 다음 날부터 중소기업 사업주에 대하여 산재보험관계를 적용하며, 보험에 가입한 중소기업 사업주가 50명 이상의 근로자를 사용하게 된 경우에도 보험관계를 유지하려고 하는 경우 계속하여 보험관계가 유지됩니다.

아울러, 보험가입을 신청한 당해연도에는 보험계약 해지가 불가합니다.

2019.10.8.자로 산업재해보상보험법 시행령 일부 개정안이 입법예고된 상태로 중소기업사업주 특례적용 대상 확대(안 제122조 제1항)로 현재 50인 미만에서 300인 미만 근로자를 사용하는 사업주로 확대하였고, 근로자를 사용하지 않는 1인 자영업자의 경우 일부 업종(12개)에 한해 산재보험 가입을 허용하고 있는데, 자영업자에 대한 사회안전망 강화차원에서 가입 가능 업종을 전체 업종으로 확대하였습니다(2020년부터 시행 예정).

분기당 인센티브가 지급되는데 건강보험 보수월액 변경신청을 해야 하나요?

사례

Q 분기에 적지 않은 금액의 인센티브가 지급됩니다. 건강보험 연말정산 시 말이 많이 나올 것 같아서 보수월액 변경 신고를 하는 게 나을까요?

A 법 시행령 제36조에 의거 상시 100명 이상 사업장은 보수변경신고가 의무화되었습니다(2016.1.1.시행).

보수월액 변경 신청을 통하여 보험료 연말(퇴직) 정산 시 추가 또는 반환금액을 줄여서 가능한 실제 소득에 맞는 보험료를 부과하기 위한 것이 목적이기 때문에 변동사항에 맞게 보험료 정산을 실시해야 합니다.

비상근 사외이사 4대 보험 취득 여부는?

사례

Q 당사에는 비상근 이사(감사)가 1명이 있고, 소속은 다른 회사에 재직 중입니다.

단지 감사 역할을 하기 위해 선임되었는데 비상근이어서 출근 또는 업무가 전혀 없고 월 100만원가량 거마비 명목으로 지급하고 있습니다. 4대 보험 취득을 해야 하는지요?

A 비상임이사로 간헐적으로 회사의 이사회 등에 참석하여 의견을 진술하거나 주주 총회에 참석을 하는 경우에는 일반근로자와 같이 출·퇴근을 하지 아니하며 사업주 의 지휘·감독에 따라 근로를 제공하는 경우로 보기 어렵기 때문에 일반적으로 근로 자로 볼 수 없어 고용·산재보험 가입대상이 아닙니다. (근로복지공단 사이버고객상담, 2019. 11. 20.)

> **판례** ✓
>
> - 상법상 이사와 감사는 주주총회의 선임 결의를 거쳐 임명하고 그 등기를 하여야 하며, 이사 와 감사의 법정 권한은 위와 같이 적법하게 선임된 이사와 감사만이 행사할 수 있을 뿐이고 그러한 선임절차를 거치지 아니한 채 다만 회사로부터 이사라는 직함을 형식적·명목적으로 부여받은 것에 불과한 자는 상법상 이사로서의 직무권한을 행사할 수 없다.

주식회사의 이사, 감사 등 임원은 회사로부터 일정한 사무처리의 위임을 받고 있는 것이므로, 사용자의 지휘·감독 아래 일정한 근로를 제공하고 소정의 임금을 받는 고용관계에 있는 것이 아니며, 따라서 일정한 보수를 받는 경우에도 이를 근로기준법 소정의 임금이라 할 수 없고, 회사의 규정에 의하여 이사 등 임원에게 퇴직금을 지급하는 경우에도 그 퇴직금은 근로기준법 소정의 퇴직금이 아니라 재직 중의 직무집행에 대한 대가로 지급되는 보수에 불과하다. (대법 2002다64681, 2003. 9. 26.)

■ 고용보험

① 월간 소정근로시간이 60시간 미만인 자는 가입대상에서 제외됩니다.

② 비상근 고문직의 경우 보수의 성격이 직위 또는 근로의 대가 등과 아무런 관련이 없이 단순히 사업주가 시혜적으로 지급하는 것이라면 취업으로 볼 수 없다고 보여지나, 보수의 성격이 자문, 회의 참석, 출장 등 사실상의 근로제공의 대가이거나 정상적인 고문으로서의 직위에 따른 대가로서 지급된다면 같은 법 시행규칙 제52조의3 제2호 또는 제5호(현행법 시행규칙 제92조 제4호 또는 제7호)에 해당되어 수급자격인정 및 실업인정 대상에 해당되지 아니합니다. (고용보험과-3271, 2004.06.18.)

③ 법인의 대표이사 이외의 임원(이사, 감사 등)으로서 일정한 직책을 가지고 상시 근무하면서 임금형태의 금품을 지급받는 경우라면 고용보험 피보험자인 근로자에 해당되어 고용보험 가입대상(피보험자격)입니다.

한편, 지급받는 보수의 성격이 직위 또는 근로의 대가 등과 아무런 관련이 없이 단순히 사업주가 시혜적으로 지급하는 것이라면 취업으로 볼 수 없다고 보여지나, 보수의 성격이 자문·회의 참석·출장 등 사실상의 근로제공의 대가이거나 정상적인 고문으로서의 직위에 따른 대가로서 지급된다면 고용보험법 시행규칙 제52조의3 제2호 또는 제5호의 규정에 의한 취업에 해당되어 수급자격이 인정되지 않습니다. (고용보험과-3873, 2004.07.15.)

■ 건강보험

비상근 근로자 또는 1개월간의 소정근로시간이 60시간 미만인 단시간 근로자는 직장가입자에서 제외됩니다. (법인의 비상근 임원이 직장가입자가 되기 위해서는 근로관계의 유상성과 업무의 종속성이 있어야 함. 예를 들어 매월 정기적으로 보수를 받으나 이사회 참석·의결이외의 다른 업무를 수행하지 않는 경우 직장가입자 적용 안 됨)

비상근 등기이사라도 미취득인 경우 취득 공문이 발송되기 때문에 이사회의사록과 법인등기부등본을 제출하면 위의 조건을 만족할 경우 제외가 가능합니다.

■ 국민연금

1개월 동안의 소정근로시간이 60시간 미만인 단시간 근로자는 가입 제외됩니다.

■ 산재보험

근로자성이 인정되지 않는 경우 가입 대상 제외됩니다.

3개월 이상 근로한 초단시간 근로자도 고용보험에 가입해야 하나요?

사례

Q 당사에서 주 15시간 미만으로 아르바이트생을 고용해서 3개월 넘게 사용하고 있습니다. 고용보험에 가입해야 하는지요?

A 고용보험법 시행령 개정(대통령령 제29025호)으로 2018.07.03.부터 '생업목적'에 해당하지 않아 고용보험에서 제외되었던 초단시간 근로자도 고용보험 적용대상으로 확대되었습니다.

① 적용기준

월 소정근로시간이 60시간 미만인 자(주 소정근로시간이 15시간 미만인 자 포함) 중 3개월 이상 계속 근무하는 자는 '생업목적' 여부와 상관없이 고용보험 당연가입이 됩니다.

② 취득일

시행령 개정으로 2018.7.3자부터 적용을 받게 되어 그 적용을 받는 날이 취득일이 됩니다.

• 예시) 시행일 이후 고용되어 계속근로기간 3개월 이상인 경우 : 고용일에 취득

월 60시간 미만 단시간 근로자와 일용근로자 구분

구분	적용범위		예시
	고용보험	산재보험	
• 월 소정근로시간이 60시간 미만 (고용기간 1개월~3개월)	적용 제외[※]	당연가입	편의점에서 1일 1시간씩 단시간으로 1개월 이상 아르바이트 학생
• 1개월 미만 고용 근로자 • 일 또는 시간 단위의 고용계약 • 일급 형식으로 보수 지급	당연가입	당연가입	식당에서 일당을 지급받으며 10일간 주방보조 업무 근로자

※ 주간학생 여부와 상관없이 모든 아르바이트 학생은 3개월 이상 근로시 무조건 고용보험 당연가입

　(근로복지공단 - 산재·고용보험 가입 및 부과업무 실무편람 참조)

중도퇴사자는 퇴직 시
개인별 보험료 정산을 하는지요?

사례

Q 중도퇴사자가 발생하면 보험료 퇴직 정산을 하는지, 아니면 다음 해 3월 10일에
신고하면 되는지요?

A 퇴직자에 대한 보험료 정산은 퇴직시점에 하지 않고, 다음연도 보수총액 신고 시
정산합니다. 다만, 법령 개정으로 2020년부터는 퇴직시점에 보험료 정산이 가능해
집니다. 보험료징수법 개정으로 2020. 1. 16.부터 근로자 퇴직시점에 퇴직자에게 실
제 지급한 보수총액을 반영하여 보험료 정산이 가능합니다.

관련 법규 ⓘ

■ 고용산재보험료 징수법 제16조의9(보험료의 정산)

① 공단은 제16조의10 제1항·제2항 또는 제4항에 따라 사업주가 신고한 근로자의 개인별
보수총액에 보험료율을 곱한 금액을 합산하여 사업주가 실제로 납부하여야 할 보험료를
산정한다.

② 공단은 사업주가 제16조의10 제1항·제2항 또는 제4항에 따른 보수총액을 신고하지 아
니하거나 사실과 다르게 신고한 경우에는 제16조의6 제1항을 준용하여 제1항에 따른 보
험료를 산정한다. (시행일 : 2020.01.16.)

■ 고용산재보험료징수법 제16조의10(보수총액 등의 신고)

④ 사업주는 근로자와 고용관계를 종료한 때에는 그 근로자에게 지급한 보수총액, 고용관계 종료일 등을 그 근로자의 고용관계가 종료한 날이 속하는 달의 다음 달 15일까지 공단에 신고하여야 한다.

이중근로 시 한 사업장을 선택하여 신고할 수 있다고 하는데 맞나요?

사례

Q 당사에 이중취업한 근로자가 있는데 한 사업장을 선택하여 신고할 수 있다고 하는데 맞는 건가요?

A 둘 이상의 사업에 동시에 고용되어 있는 근로자는 월평균보수가 많은 사업, 월소정근로시간이 많은 사업, 근로자가 선택한 사업의 순서대로 피보험자격을 취득할 수 있습니다(일용근로자와 일용근로자가 아닌 자로 동시에 고용되어 있는 근로자는 일용근로자가 아닌 자로 고용된 사업에서 우선적으로 피보험자격을 취득).

(근로복지공단-보험사무대행기관 실무교육, 2019.02.27.)

건설업 사무직원과 현장직 직원의 보험료 신고는 어떻게 하나요?

Q 건설업의 경우 사무직 직원과 현장직 직원의 보수총액 신고시 작성해야 하는 금액은?

A
▪ 건설업 본사

① 산재보험 : 사무(내근)직원 보수

② 고용보험 : 사무(내근)직원 보수 + 현장직원 보수

▪ 건설 일괄

① 산재보험 : 본사소속 현장근무직원 보수 + 현장일용직 보수 + (외주공사비 × 30%)

② 고용보험 : 현장일용직 보수 + (외주공사비 × 30%)

(근로복지공단 - 보험사무대행기관 실무교육, 2019.02.27.)

일용직 근로자 직권가입대상자 및 8일 미만 근로자 보수총액신고시 신고 기준은?

사례

Q 일용직 근로자 직권가입대상자 및 8일 미만 근로자 보수총액신고 시 신고 기준에 대한 구체적인 예시를 알고 싶습니다.

A 일용근로자란 고용보험법 제2조 제6호에 따라 '1개월 미만 동안 고용되는 자'를 말하며, 근무일수와 관계없이 산재·고용보험은 당연적용 대상입니다.

보수총액신고서 일용근로자보수총액 항목에 연간 일용근로자에게 지급된 보수 총액 합계를 작성하며, 근로내용확인신고서를 제출하지 않은 일용근로자의 보수도 합산하여 신고 후 관할 지사에 근로내용확인신고서를 제출하여야 합니다.

다만, 8일 미만 근로자 적용 제외는 국민연금 기준이며, 산재·고용보험은 모든 일용직이 적용대상입니다.

(근로복지공단 - 보험사무대행기관 실무교육, 2019.02.27.)

60시간 미만
단시간 근로자의 보수총액신고는?

사례

Q 60시간 미만 단시간 근로자 보수총액 신고 시 처리 방법을 알고 싶습니다.

A 월 소정근로시간이 60시간 미만인 단시간 상용근로자(고용기간 1개월 이상 3개월 미만)의 경우 산재보험은 당연적용, 고용보험은 적용제외 대상이며, 산재보험 고용정보신고는 생략 가능합니다. 다만, 보수총액신고서 작성 시 그 밖의 근로자 보수총액 항목에 해당 근로자에게 지급된 보수총액을 작성하면 됩니다.

월 소정근로시간이 60시간 미만이나 3개월 이상 계속 근로하는 근로자의 경우 생업목적 여부 구분 없이 2018.7.3.부터 고용보험 당연적용 대상으로 확대됨에 따라 산재·고용보험 모두 취득처리 후 보수총액신고서를 작성하면 됩니다. (산재보험 고용정보신고가 이미 되어 있을 경우 고용보험만 추가 취득해야 함)

(근로복지공단 - 보험사무대행기관 실무교육, 2019.02.27.)

보수총액신고와 보험료 신고 시 일용노무비에 대한 처리는 어떻게 해야 하는지요?

사례

Q 건설 일괄번호와 제조 본사 번호를 가진 사업장입니다. 일용(건설) 근로내용 신고를 개시번호가 없거나 부득이 한 이유로 인하여 본사(제조) 번호로 신고하게 되는 경우, 보수총액신고와 보험료 신고시 일용노무비에 대한 처리는 어떻게 해야 하는지요?

A 건설현장 근로 일용직의 경우 사업개시번호 또는 미승인하수급번호로 근로내용 확인신고를 하여야 합니다. 만일, 건설현장 근로 일용직을 본사(제조) 관리번호로 신고한 경우 근로내용신고를 취소하여야 합니다.

① 제조 본사 번호(부과고지 사업장) 보수총액 신고방법

일용근로자 보수총액 항목에 실제 제조업에서 종사한 일용근로자의 보수총액만을 기재할 경우 과납금이 발생할 수 있으며, 이 경우 근로내용확인신고 또한 취소하여야 합니다.

② 건설 일괄번호(자진신고 사업장) 보험료 신고방법

- (산재) 본사 소속 현장근무직원 보수 + 현장일용직 보수 + (외주공사비 × 30%)
- (고용) 현장일용직 보수 + (외주공사비 × 30%)

(근로복지공단 - 보험사무대행기관 실무교육, 2019.02.27.)

퇴사자의 4대 보험 사후정산 절차는?

Q 만약 3월 15일 퇴사자가 있으면 실제 급여에는 이렇게 정산을 해야 하나요? 퇴사자 4대 보험 사후정산 처리 절차를 알고 싶습니다.

A 퇴사자에게 정산할 보험료는 건강보험료와 장기요양보험료입니다. 따라서 3월 퇴사자라면 작년 연말정산 보험료 및 올해 1월~3월 15일까지의 퇴직정산 보험료를 정산해줘야 합니다.

EDI 상실신고하면 퇴사자에 대한 보험료 정산액이 고지됩니다. 퇴직정산은 연도 중에 퇴직할 경우 당해 연도 보수총액을 근무월수로 나눈 보수월액으로 기 납부한 보험료와 당해연도 퇴직 시까지 납부하여야할 보험료간의 정산을 실시하게 됩니다(사유발생일로부터 14일 이내 신고).

아울러, 고용보험료는 2020.1.16자로 근로자 퇴직시점에 퇴직자에게 실제 지급한 보수총액을 반영하여 보험료 정산이 가능합니다.

휴직자 4대 보험 처리절차는?

Q 현재 재직 중인 사원이 개인적인 사유로 2개월 정도 무급휴직 예정입니다. 이 기간 동안 4대 보험 처리를 어떻게 해야 하나요? 근로자가 부담해야할 4대 보험 일부는 어떻게 처리하는지요?

A 개인적 사유에 의한 휴직이므로 4대보험 부과고지를 유예신고해야 합니다.

■ 국민연금

휴직으로 소득이 없어 연금보험료를 납부할 수 없는 경우 납부예외 신고 가능합니다. (단, 2012.09.20. 이후 납부예외 신청 시부터는 휴직기간 동안 직전 기준소득월액의 50% 이상 소득이 계속 발생하는 경우는 납부예외 신청 불가)

■ 건강보험

휴직자 등 직장가입자 보험료 납입고지 유예신청서를 제출합니다. (사안에 따라 인사 발령장 등 인사 관련 서류 제출)

※ 납부유예신고 시 유예사유 코드
- 기타휴직(81) : 근로자 개인적 사유에 의한 병역휴직, 학업휴직 등(50% 감면)
- 육아휴직(82) : 육아휴직(60% 감면)

- 질병휴직(83) : 산재 및 질병휴직(50% 감면)
- 무급노조전임자휴직(84) : 무급노조전임자 휴직(50% 감면)
- 그 밖의 사유(89) : 직위해제, 무노동무임금, 방학기간 중인 기간제 교사 등(보험료 감면 없음)

■ 고용·산재보험

근로자가 휴직 등의 사유로 근로를 제공하지 않게 된 경우 휴직 등의 사유일로부터 14일 이내에 휴직신고서를 제출해야 합니다.

다음의 휴직 등의 신고는 고용·산재보험 모두 공단에 신고하여야 합니다.

① 사업장 사정에 의한 휴업·휴직

② 근로자 사정에 의한 휴직

③ 근로기준법 제74조 제1항에 따른 보호 휴가

④ 노조전임자

⑤ 기타

휴직의 경우 사업주와의 근로관계는 중단되지 않으나 근로를 제공하지 않으므로 휴직기간 중에 산재보험료는 부과되지 않으며, 고용보험의 경우 휴직기간에 발생한 보수에 대해 월별보험료는 부과되지 않고 정산 시 보험료를 부과하는 것이 원칙입니다.

휴업, 휴직 및 보호휴가(산전후 휴가 또는 유산, 사산휴가) 중의 보수는 고용보험 보수총액에는 포함하나 산재보험 보수총액에는 제외합니다. (단, 휴직 이전에 지급사유가 발생한 보수를 휴직기간 중에 지급한 경우라면 고용·산재보험 보수총액에 모두 포함)

휴직 등의 사유가 노조전임자일 경우 고용보험 월별보험료 부과하고, 근로시간 면제자는 고용·산재보험료 모두 부과대상입니다.

5인 미만 사업장은
건강보험 가입을 안 해도 되는지요?

Q 5인 미만 스타트업 회사입니다. 5인 미만 사업장은 건강보험 대상이 아닌가요?

A 4대 보험은 상시근로자 수 기준으로 사업장 가입 여부를 판단하지 않습니다.

건강보험은 아래와 같이 직장가입자 대상 근로자가 있는 사업장은 의무적으로 가입해야 합니다.

① 국세청으로부터 사업자등록번호 또는 고유번호를 부여받은 사업소 또는 사무소
② 법인사업장은 대표자 1인만 있어도 가입대상에 해당
③ 의료수급권자 혹은 의료보호를 받는 자 만으로 운영되는 사업장도 적용대상

IPP 현장실습 4대 보험 가입 여부는?

사례

Q 이번에 5개월간 대학교 현장실습생 1명이 회사에서 단순 시무업무를 하게 됩니다. 급여는 학교에서 40만원 지원해주고 당사는 최저임금에서 40만원 차감하고 지급할 예정입니다. 학교에서는 가입 안 해도 된다고 하고 산업인력공단은 가입해야 한다고 하는데 어떻게 해야 하나요?

A 일경험 수련생이란 실습생, 견습생, 수습생 또는 인턴 등 그 명칭에 상관없이 교육 또는 훈련을 목적으로 사업 또는 사업장에서 일(업무)을 경험하는 자를 말합니다.

일경험 수련생은 임금을 목적으로 사업이나 사업장에 근로를 제공하는 근로기준법상의 근로자와 구별하여야 합니다. 실습생, 견습생, 인턴 등 일경험 수련생의 명칭에도 불구하고 그 실질이 근로자, 수습근로자, 시용근로자, 학습근로자 중 어느 하나에 해당하는 경우에는 근로자로서 노동법적 보호의 대상이 됩니다.

따라서 다음 각호에 해당하는 경우를 종합적으로 판단해 볼 때 일경험 수련생이 사실상 근로를 제공하는 경우에는 노동법적 보호 대상인 근로자로 볼 수 있습니다.

① 직무교육 프로그램 없이 업무상 필요에 따라 수시로 업무를 지시하는 등의 방식으로 일경험 수련생의 노동력을 활용하는 경우

② 상시적 또는 특정 시기에 인력이 추가로 필요한 업무 등에 근로자를 대체하여

일경험 수련생을 활용하는 경우

◆ 예시

■ 성수기에 필요한 인력을 보충하기 위하여 일경험 수련생을 사용하는 경우

(예 : 스키장 등 계절사업장에서 겨울시즌에만 모집·활용)

■ 예측하지 못한 수요가 발생하여 아르바이트생을 대체하여 일경험 수련생에게 연장·야간근
로를 사전 교육프로그램 없이 실시하는 경우

(예 : 연회장에서 예약 급증에 따라 일경험 수련생의 사전 동의 없이 상시적으로 연장근로 실시)

■ 소속 근로자의 연장근로를 줄이고 휴가 사용을 늘이기 위해 일경험 수련생을 채용하는 경우

(예 : 특정시기에 업무가 집중되는 세무·회계·법률·노무사무소 등에서 일경험 수련생 활용으로 소속 근로자의 야
근 감소)

③ 교육·훈련내용이 지나치게 단순·반복적인 것이어서 처음부터 노동력의 활용
에 그 주된 목적이 있다고 볼 수 있는 경우

◆ 예시

■ 해당 직무능력 향상과 관련성이 낮은 업무에 아르바이트생이 아닌 일경험 수련생을 채용·
활용하는 경우

(예 : 청소전문 사업장이 아닌 일반사업장에서 일경험 수련생에게 청소업무만을 수행토록 하거나, 호텔 등 사업
장에서 호텔경영학 전공자를 일경험 수련생으로 활용하면서 수련과정에 관계없는 주차관리 업무만을 수행
토록 하는 경우 등)

■ 비교적 단순노무업무에 해당하는 사업장에서 아르바이트생이 아닌 일경험 수련생을 통해
일을 하는 경우

(예 : 학생 등이 전공과 관련성이 낮은 편의점, 커피전문점 등에서 일경험 수련생으로 일을 하고 학점을 이수)

(고용노동부 - 일경험수련생보호가이드라인, 2016.02.01.)

4대 보험 자격상실 취소가 가능한가요?

Q 4대 보험 자격상실신고를 했지만 퇴사가 번복돼서 다시 되돌려야 하는데 벌써 처리가 되었습니다. 자격상실 신고취소가 가능한가요? 다시 자격취득 신고를 해야 하는지요? 그리고 불이익이 있을까요?

A 각 공단에 문의 후 관련 서류를 제출하면 되며, 고용보험은 소액 과태료가 나올 수도 있으니 취소 즉시 담당자에게 문의해야 합니다.

① 국민연금 : 사업장가입자 내용변경 신고서 제출
② 건강보험 : 자격상실 취소 요청서 제출
③ 고용·산재보험 : 피보험자 고용정보 내역정정 신청서와 함께 사실을 입증할 수 있는 근로계약서, 급여대장, 급여이체내역, 출근부, 사직서 등 자료 제출

건강보험 부당이득금 환수 통지가 왔는데 산재 미신고로 처리가 되나요?

사례

Q 직원 중에 한 명이 다리를 삐어 치료를 받았습니다. 건강보험으로 치료를 받았는데 몇 개월 지나서 개인에게 건강보험 부당이득금 납입고지 안내가 왔다고 합니다. 고용노동부로 통보가 돼서 사업주 산재 미신고로 처리가 될까요?

A 사업주와 근로자가 공상처리하는 것으로 합의하였을 경우 국민건강보험공단이 근로자가 산재 치료비를 일반건강보험으로 처리한 것을 발견하고 사업주에게 반환금을 청구하게 됩니다.

뿐만 아니라 공단에서 관할 노동지청으로 통보를 하게 되는데, 지청에서는 사업주가 산재조사표를 미제출을 확인하고 산재발생 미보고 사유서를 제출하게 하고 산재 미신고를 사유로 과태료를 납부하라고 통보하게 됩니다.

따라서 산재를 공상처리하지 않도록 주의해야 합니다.

건강보험 피부양자와 연말정산 부양가족은 같은 건가요?

Q 건강보험 피부양자는 근로자가 입사할 때 신고하게 되고, 연말정산 부양가족은 연말정산시 서류를 받고 있는데 피부양자하고 부양가족하고 혼동이 되는데 무슨 차이가 있나요? 그리고 연말정산 부양가족은 무슨 기준으로 구분하나요?

A ▪ **건강보험 피부양자 인정기준**(2019년 건강보험 사업장업무편람 기준)

① 부양요건

- 형제자매 : 불인정(다만, 65세 이상, 30세 미만, 장애인, 국가유공·보훈보상 상이자는 소득·재산요건 충족 시 인정)
- 이혼·사별한 형제자매 및 자녀·손자녀, 배우자의 직계비속 : 미혼 인정
- 배우자의 계부모 : 피부양자 인정

② 소득요건

모든 소득(사업소득 포함)을 합하여 합산소득 3천 4백만원 이하

※ 사업소득이 없거나, 사업자등록이 없고 사업소득이 연 500만원 이하인 자는 현행 유지

③ 재산요건

재산 5.4억원 이하이거나 재산 5.4억 원 초과하면서 9억원 이하이고 연간소득 1천만원 이하인 자는 인정

※ 재산 9억원 이하인 자는 현행 유지

　- 장애인, 국가유공·보훈보상 상이자 : 재산요건 충족해야 인정

　- 형제자매 : 재산 1.8억원 이하

■ 연말정산 부양가족(2019년 기준)

연말정산 인적공제는 기본공제와 추가공제로 구분하는데 생계요건, 연령요건, 소득요건을 보게 됩니다. 기본공제는 다음과 같습니다.

기본공제 항목			공제 요건
본인공제			근로소득자 본인에 대한 기본공제(연 150만원)
배우자공제			연간 소득금액 합계액 100만원 이하(근로소득만 있는 경우에는 총급여 500만원 이하)인 배우자에 대해 기본공제(연 150만원) * 사실혼은 제외됨에 유의
부양가족공제	직계존속		거주자(배우자 포함)의 직계존속으로서 만 60세 이상(1959.12.31 이전 출생) * 직계존속이 재혼한 경우에는 직계존속과 혼인(사실혼을 제외한다) 중임이 증명되는 사람 포함
	직계비속	자녀·입양자	① 거주자의 직계비속으로서 만 20세 이하(1999.1.1 이후 출생) 　- 거주자의 직계비속 　- 거주자의 배우자가 재혼한 경우 당해 배우자가 종전의 배우자와의 혼인(사실혼 제외) 중에 출산한 자 * 해당 직계비속과 그 배우자가 모두 장애인에 해당하는 경우 그 배우자를 포함
		그 외 직계비속	② 민법 또는 입양특례법에 따라 입양한 양자 및 사실상 입양상태에 있는 사람으로서 거주자와 생계를 같이 하는 사람(만 20세 이하)
	형제자매		거주자(배우자 포함)의 형제자매로서 만 20세이하(1999.1.1 이후 출생) 또는 만 60세 이상(1959.12.31 이전 출생)인 사람 * 형제자매의 배우자는 공제대상에 해당하지 아니함

다른 사업장에 산재보험 가입이 되었는데 문제가 없나요?

사례

Q 당사는 산재보험이 본사와 지방으로 구분되어 있습니다. 이번에 지방 사업장으로 산재보험 등록이 되어 있어야 할 직원이 본사로 등록되어 있습니다. 다른 문제의 소지가 있을까요?

A 근로자가 다른 사업장으로 전보되는 경우 사유발생일로부터 14일 이내에 피보험자전근신고를 해야 합니다. 전보란 동일한 사업주의 하나의 사업장에서 다른 사업장으로 근로자의 근무장소가 변동된 것을 말하며 법인은 법인등록번호가 동일하여야 하고, 개인은 사업장등록번호가 동일하여야 합니다.

① 일괄적용사업장 근로자의 사업개시가 변동된 것은 전보에 해당되지 않음

    (고용보험 피보험자 전근은 사업개시가 변동되는 것도 전보에 해당)

② 전보사업장(전보 후 사업장)에서 신고하고 전보사업장 소재지 관할 지사에서 관리

③ 전보사업장(전보 후 사업장)이 적용이 되어 있지 않은 경우 보험관계성립신고서를 제출 후 성립처리가 된 이후 처리 가능

※ 근로복지공단 - 근로자 가입정보 신고 참고

질의의 경우 산재 사고 발생시 문제가 될 수 있는데, 보험요율이 다를 경우 과거 3년치 보험료에 대해 재정산할 수도 있습니다.

4대 보험 취득 및 상실 시 주의해야 할 사항이 있나요?

Q 2개월 근무하고 이달 1일자 퇴사하는 직원이 있습니다. 하루 근무하고 퇴사하는데 4대 보험 계산을 어떻게 해야 하나요? 부과 안되는 방법이 있나요?

- 취득신고 유의사항

① 국민연금

취득일이 초일인 경우 취득월 보험료 부과하며, 취득일이 2일 이후인 경우 납부 희망 또는 미희망 반드시 기재하고 납부 희망시 해당 월 연금보험료 부과

② 건강보험

1일에 자격을 취득한 경우 그 사유가 발생한 날이 속하는 달부터 보험료 부담하며(법 제69조), 2일 이후 취득의 경우 보험료 부과되지 않음(예 - 1월 25 입사 후 미희망시 2월분부터 부과)

- 상실신고 유의사항

① 국민연금

해당 월 보험료 부과하며 퇴직정산 안 함(초일 취득·당월 상실하는 경우 납부희망 여부 반드시 기재)

② 건강보험

해당 연도 보수총액과 산정월수 기재하여 퇴직 정산 실시(전년도 보수총액은 매년 2월 보수총액 신고한 경우 기재 불필요)

③ 고용보험

상실사유에 따라 실업급여 지급 여부가 결정되므로 사유와 기호 정확히 기재

(2020.1.16부터 보험료징수법 개정으로 개인별 보험료 정산)

PART 04

퇴직
(연)금

1년 미만 근로자가 관계사 전출 시
퇴직금은 어떻게 처리해야 하나요?

사례

Q 당사에 관계사로 전출 예정인 직원이 있는데 실제 근무기간은 1년이 안 됩니다. 당사에서 1년 미만에 대한 퇴직충당금을 어떻게 해야 하는지요?

A 계열사간 전·출입 시 당사자 사이에 종전 회사의 근로관계를 승계하기로 한 경우 해당 근로자에 대한 퇴직급여 지급의무 및 적립금을 새로운 회사로 이전하고 종전 회사에서의 DB제도 가입기간을 새로운 회사의 가입기간에 합산할 수 있습니다.

행정해석 ✓

- 계열사간 전·출입 시 퇴직급여충당금(DB적립금) 이전에 관한 구체적 방법은 계열사간 자금 이체 또는 퇴직연금사업자간 계약이전 등 당사자간 합의에 따라 처리할 수 있습니다. (퇴직 연금복지과-1327, 2016.04.07.)

- 계열사 간 전·출입, 퇴직연금제도 전환, 퇴직연금사업자 변경에 따른 계약 이전은 가입자의 퇴직으로 급여를 지급하는 경우가 아니라 해당 가입자의 적립금을 이전(이체)하는 것이므로 법 제17조 제2항에 따른 전액 지급에 해당하지 않습니다. (근로복지과-509, 2013.02.06.)

- "가" 회사에서 "나" 회사로의 전출시 당사자 사이에 종전 사업장과의 근로관계를 승계하기 로 하는 특약이 있는 등 특별한 사정이 있는 경우 이는 근로의 단절이 아닌 계속근로로 보

아 고용관계를 승계한 사업장에서 해당 근로자에 대한 급여지급의무 및 적립금의 인수, 계속근로에 따른 가입기간 합산이 가능할 것으로 판단됨. (퇴직급여보장팀-4102, 2006.10.27.)

- 특정기업에 입사하여 근무하다가 계열사인 타 기업으로 전적한 경우 퇴직금 산정 방법에 관한 것으로 전적이란 종전 기업과의 근로관계를 합의해지하고 새로운 기업과 근로계약을 체결하는 것인 바, 그것이 유효하게 이루어졌다면 원칙적으로 종전의 근로관계는 승계되지 아니함.

종전 기업에서 퇴사하고 새로운 기업으로 전적할 때 별다른 유보의견 없이 퇴직금을 수령하였다면 종전 기업과의 근로관계는 일응 단절된 것으로 보여질 수 있으며 그렇다면 당사자간 특약이 없는 한 퇴직금 산정기간에 있어 종전 기업의 근속기간을 제외하더라도 이를 법 위반으로 볼 수는 없다고 할 것임. (근기 58207-694, 1999.03.24.)

근로시간 단축으로 퇴직금이 감소되면 중간정산이 가능한가요?

사례

Q 근로시간 단축에 따라 퇴직금액이 줄어들면 퇴직금 중간정산이 가능하다고 들었습니다. 확정급여형 퇴직연금(DB)인 경우에도 중간정산이 가능한가요?

A 현행 법령상으로는 근로시간 단축에 따른 중간정산(중도인출)은 허용되지 않으며, 근로자퇴직급여보장법 시행령 개정으로(2018.7.1.) 퇴직금 중간정산 사유에 '법률 제15513호 근로기준법 일부 개정법률 시행에 따른 근로시간 단축으로 근로자의 퇴직금이 감소되는 경우'를 추가하려는 것입니다. 따라서 근로시간 단축 입법 시행에 따른 퇴직급여 감소로 인한 중간정산은 퇴직금제도에서만 허용되며, DB제도 및 DC제도에서는 허용되지 않습니다.

DB제도는 퇴직시점 평균임금을 기준으로 최종 퇴직급여를 산정하기 때문에 재직기간 중 가입자별 수급액을 확정할 수 없고, 중도인출 시 적립비율이 낮아져 다른 가입자의 수급권을 저해하게 되며, 적립금 운용과 연금계리가 곤란해지는 점 등을 고려 중도인출을 허용하지 않고 있습니다. 따라서 DB제도를 설정한 사업(장)의 사용자는 근로시간 단축 입법 시행으로 퇴직급여 수령액 감소로 퇴직금 중간정산이 가능한 사업(장)의 범위와 시기는 사업(장)의 상시근로자수와 업종에 따라 시행시기가 정해지는 것입니다.

아울러, 퇴직금 중간정산 시 평균임금은 노사 간 별도의 합의가 없는 한 신청일을 기준으로 산정됨이 원칙이며, 근로시간 단축일에 신청하는 것이 타당하며 중간정산 신청서 이외에 근로자에게 별도의 서류를 받을 필요는 없습니다.

◆ 예시

2021.7.1.자로 근로시간이 단축되는 사업(장)의 경우 2021.6.1.부터 중간정산 신청 가능

다만, 근로시간 단축일 이전 1개월이 되는 시점부터 신청한 경우에만 정당한 중간정산으로 인정되며, 불가피한 사정으로 근로시간 단축시점 이전에 신청하지 못한 경우에는 근로시간 단축 후에 중간정산 신청도 가능합니다. 이 경우 근로시간이 단축되고 3개월이 경과된 경우에는 중간정산의 실익이 없으므로 근로시간 단축 입법 시행에 따른 퇴직금 감소 예방을 위한 중간정산에 해당하지 않습니다. (근로자퇴직급여보장법령 개정내용 설명자료 - 고용노동부, 2018.06.)

퇴직연금 가입자 사망 시 상속자에게 지급하는 방법은?

Q 직원 사망 퇴직으로 퇴직정산을 하려고 합니다. 현재 DB형으로 퇴직연금에 가입되어 있으며, 사망퇴직이라 IRP계좌가 아닌 일반 상속인 계좌로 퇴직금을 지급하려고 합니다. 이에 따른 별도의 절차 및 서류가 있어야 하는지요? 그리고 회사에 사내대출금이 남아있는데 공제가 가능한가요?

A

행정해석 ✓

- DB형 가입자가 사망에 의한 퇴직으로 가입자가 IRP 계좌를 개설할 수 없으며, 상속인이 가입자의 퇴직급여 청구권을 퇴직연금 사업자에게 행사하지 아니하고 회사에 청구하여 지급받은 경우, 회사(사용자)가 DB형에서 지급하기로 약정한 퇴직급여 전액을 상속인에게 직접 지급하고 지급내역, 가족관계증명서 등 이를 입증한 경우, 사업자는 상속인 여부 및 전액지급 여부를 확인하여 가입자에 대하여 무지급처리할 수 있을 것으로 사료됩니다. (퇴직연금복지과-4238, 2015.12.2.)

- 사용자의 부담금에서 공제하는 것은 수급권 보장차원에서 법 취지에 맞지 않는 것으로 판단됨. 다만, 근로기준법 제43조에 의거 법령 또는 단체협약에 특별한 규정이 있는 경우에, 근로자 퇴직시 지급하는 급여액에서 해당 금액을 사업주로부터 통보받아 공제된 금액을 근로자에게 지급하는 것은 가능하다고 사료됩니다. (퇴직연금복지과-174, 2008.05.01.)

사내 대출금이 남아 있는 경우 상세내역을 상속인에게 보내어 별도 입금 받거나 공제확인서 동의를 수취하는 방식으로 처리하는 것이 일반적입니다.

대표자 또는 임원도 일반 직원과 동일하게 퇴직연금에 가입하나요?

사례

Q 임원관리규정과 계약서에는 퇴직연금에 가입하는 것으로 명시가 되어 있는데 문제가 없나요? 임원에게도 퇴직연금 선택권 또는 동의가 있어야 하는지요?

A 사용자는 근로자퇴직급여보장법(이하 "법"이라 함) 제2조 제1호의 규정에 의한 근로자에 대해서는 의무적으로 퇴직급여제도(퇴직금제 또는 퇴직연금제)를 설정하여야 하나, 그 이외의 자에 대해서는 설정할 의무는 없습니다. 그러므로 근로자가 아닌 임원에 대하여 퇴직연금 적용대상으로 할지 여부는 사업장별로 자유로이 정할 수 있을 것입니다.

근로자가 아닌 임원을 퇴직연금에 가입시키고자 할 경우 법 제12조 및 제13조의 규정에 의하여 작성하는 퇴직연금규약에 근로자가 아닌 임원을 당해 퇴직연금의 가입자로 한다는 것을 명시하여야 하며, 근로자가 아닌 임원에 대하여 별도의 퇴직연금규약을 작성하여 신고를 해야 하는 것은 아닙니다. 또한, 퇴직연금규약에 근로자가 아닌 임원을 퇴직연금 적용대상으로 한다는 내용이 포함되어 있는 경우에도 별도로 당해 임원의 동의를 받아야 할 필요는 없을 것입니다. (퇴직급여보장팀-846, 2006.03.16.)

정년 이후 계약직(촉탁직) 전환 시 1년 미만 퇴직금을 지급해야 하나요?

사례

Q 직원 중에 정년 도래로 계약직(촉탁직)으로 전환해서 10개월의 계약기간을 설정하고 근로계약이 종료될 경우 퇴직금을 지급해야 하는지요?

A

 행정해석 ⊘

- 고용노동부는 정년퇴직자를 기간의 정함이 있는 근로계약으로 재고용하는 경우 당사자 간의 특약이 없다면 근로자의 퇴직금 및 연차유급휴가일수 계산을 위한 계속근로년수는 재고용기간만 해당된다고 하였습니다. (근기 68207-338, 2001.02.02.;근로복지과-399, 2012.02.06.)

  또한, 고용상 연령차별금지 및 고령자고용촉진에 관한 법률(약칭: 고령자고용법)에서는 계속근로기간 산정에 있어 정년퇴직 이전의 기간을 제외할 수 있도록 하고 있습니다.

  "사업주는 고령자인 정년퇴직자를 재고용할 때 당사자 간의 합의에 의하여 「근로기준법」 제34조에 따른 퇴직금과 같은 법 제60조에 따른 연차유급(年次有給) 휴가일수 계산을 위한 계속근로기간을 산정할 때 종전의 근로기간을 제외할 수 있으며 임금의 결정을 종전과 달리 할 수 있다." (고령자 고용법 제21조 제2항)

- 아울러, 정년퇴직 이후 퇴직금 산정을 위한 계속근로기간은 정년 이후 근로제공한 날부터 새로이 기산된다할 것이므로, 정년이후 계속하여 근로한 기간이 1년 이상인 경우라야 퇴직금이 발생됩니다. (임금복지과-1344, 2010.06.16.)

여기서 '계속근로기간'이라 함은 동일한 사용자와 사용종속관계를 유지하면서 계속하여 근로를 제공한 기간으로 근로계약을 체결하여 해지될 때까지의 기간을 말합니다. (퇴직연금복지과-2499,2016.07.14.)

따라서 정년 이후 고용시점부터 계속근로연수를 산정하게 되므로 고용기간이 1년 미만에 해당하여 퇴직금 지급대상이 아니게 됩니다.

촉탁직(계약직) 근로자의 계약 종료 후 재계약 시 퇴직금 산정 여부는?

Q 정년이 되어 계약직(촉탁직)으로 체결한 직원이 있습니다. 1년 계약을 체결하고 8개월의 재계약을 한 경우 퇴직금은 1년 치 퇴직금을 정산하였는데 만약 8개월 추가로 근로하고 퇴사할 경우 8개월 치의 퇴직금을 지급해야 하나요?

A 근로자와 1년 단위로 근로계약을 체결한다고 하더라도 근로계약이 만료됨과 동시에 근로계약기간을 갱신하거나 동일한 조건의 근로계약을 반복하여 체결한 경우에는 최종 퇴직시 전체 계속근로기간을 기준으로 퇴직금을 산정하여야 합니다.

따라서 1년 촉탁직 근로계약이 매년 갱신되는 경우 1년간 근로계약기간이 종료(단절)되었다가 신규채용된 것으로 보는 것은 아니며, 1년간 근로계약기간 이후에도 계속 근로한 것으로 봄이 타당하기 때문에 1년 8개월의 기간을 계속근로년수로 보아 퇴직금을 산정하여 지급하여야 합니다.

그러나 예외적으로 하단의 일부 판례 및 행정해석에 의하면 계속근로년수에 포함하지 않기 위한 몇 가지 요건을 충족해야 하지만 단순히 근로계약이 종료된 후에 바로 재계약을 체결할 경우에는 계속근로년수에 포함된다고 보아야 할 것입니다.

- 근로계약이 만료됨과 동시에 근로계약기간을 갱신하거나 동일한 조건의 근로계약을 반복하여 체결한 경우에는 갱신 또는 반복한 계약기간을 모두 합산하여 계속근로기간을 산정해야 한다. (대법 93다26168, 1995. 7. 11.)

- 동일한 기업 내에서 근로자가 스스로의 필요나 판단에 따라 자유로운 의사에 기하여 사용자에게 사직서 등을 제출하고 이에 따라 기업으로부터 소정 퇴직금을 정산하여 지급받은 경우에는 사직서 등의 제출이 사용자의 일방적인 경영방침에 따라 어쩔 수 없이 이루어지거나 단지 형식적으로 이루어진 것으로 볼 수 없어 이로써 당해 기업과 근로자와의 근로관계는 일단 유효하게 단절되고, 이 경우 근로자가 당해 기업에 종전의 근무경력을 인정받고 곧바로 재입사하여 계속 근무하다가 퇴직하였다고 하더라도 퇴직금 산정의 기초가 되는 계속근로연수를 산정함에 있어서는 재입사한 때로부터 기산하여야 한다. (대법 2000다60630, 2001.09.18.)

- 갱신 또는 반복 체결된 근로계약 사이에 일부 공백기간이 있다 하더라도 그 기간이 전체 근로계약기간에 비해 길지 않고 계절적 요인이나 방학기간 등 해당 업무의 성격에 기인하거나 대기 기간·재충전을 위한 휴식기간 등의 사정이 있어 그 기간 중 근로를 제공하지 않거나 임금을 지급하지 않을 상당한 이유가 있다고 인정되는 경우에는 근로관계의 계속성은 그 기간 중에도 유지된다. (대법 2004다29736, 2006. 12. 7.)

- 일반적으로는 '계약기간 만료통보', '자의에 의한 퇴직원 제출', '퇴직금 및 4대 보험 정산' 등을 거쳐 유효하게 근로관계가 단절된 후 신규입사 절차를 거쳐 새로운 기간제 근로계약을 체결하고 근무하는 형태라면 각각 별도의 근로계약에 의한 근무기간으로 보아야 하는 것이 원칙이지만,
  - 기간의 단절이 있는 근로계약이 수년간 반복되어 계약을 계속 체결하는 것이 관행화되어 있고, 노사당사자 모두 그렇게 기대하면서 사실관계에 있어서도 특정기간이 도래하면 재계약을 체결한 후 동일한 근로를 제공하고 사용자는 그 대상으로서 임금을 지급하는 형태의 근로관계가 반복되었다면, 이 경우는 반복적으로 체결한 근로계약 전 기간을 계속근로로 인정할 수도 있을 것임. (고용차별개선정책과-682, 2009.07.14.)

육아휴직기간 중에 보너스를 받고 퇴직하는 경우 퇴직금 산정방식은?

사례

Q 직원 중에 무급육아휴직기간 동안에 2회에 걸쳐 성과급과 명절 보너스를 받았습니다. 육아휴직 종료 이전에 퇴직한다고 하여 퇴직금을 산정하려는데 퇴직 당해년도에 받은 임금까지 포함하여야 하는지?

A 평균임금 산정대상 기간에 육아휴직기간이 포함되어 있다면, 육아휴직 기간과 그 기간 중에 지급된 임금은 제외하여 산정하여야 합니다. 따라서 육아휴직기간 중 지급된 성과급 및 명절상여금(임금인 경우)은 평균임금 산정 시 제외하고 육아휴직 직전 3개월간 임금총액으로 산정하여야 할 것입니다. (퇴직연금복지과-727, 2017.2.13.)

『근로자퇴직급여보장법』제8조에 따라 사용자는 계속근로기간 1년에 대하여 30일분 이상의 평균임금을 퇴직금으로 지급하여야 하며,『남녀고용평등과 일·가정양립지원에 관한 법률』제19조 제4항에 따라 육아휴직 기간은 계속근로기간에 포함되므로 육아휴직 기간에 대해서도 퇴직금이 지급되어야 합니다. (퇴직연금복지과-3252, 2017.8.2.)

무단결근자의 퇴직금 계산방식은?

사례

Q 퇴직금 계산시 한 달간 무단결근자에 대한 퇴직금 계산방식은 어떻게 되나요?

A 『근로자퇴직급여보장법』 제2조 제4호 및 『근로기준법』 제2조 제6호에 따라 퇴직금 산정을 위한 '평균임금'은 퇴직일 이전 3개월 동안에 그 근로자에게 지급된 임금의 총액을 그 기간의 총일수로 나누어 계산하며, 무단결근기간도 평균임금 산정기간에 포함하여 산정하여야 합니다. 다만, 위 절차에 따라 산출된 평균임금이 그 근로자의 통상임금보다 적으면 그 통상임금액을 평균임금으로 하여 퇴직금을 산정하여야 합니다. (임금복지과-2531, 2010.12.27.)

근로자는 사용자에게 언제든지 근로계약의 계약해지를 통보할 수 있으며, 사직의 효력은 사용자가 수리하거나 단체협약·취업규칙·근로계약 등으로 계약종료 시기에 관하여 정한 시기에 발생합니다. 그런데, 사직의 의사표시를 수리하지 않고 계약종료시기에 대한 특약이 없다면 퇴직의 의사표시를 통고받은 날로부터 1개월이 지나면 계약해지 효력이 발생합니다(『민법』 제660조 제2항). 다만, 사용자가 사직의 의사표시를 수락(수리)하지 않은 기간 동안 근로자는 출근할 의무가 있으므로 이를 이행하지 않으면 결근으로 처리하고 결근한 기간은 평균임금 산정 시 포함할 수 있습니다. (퇴직연금복지과-2345, 2015.7.16.)

여기서, 계속근로기간이란 근로계약을 체결하여 해지될 때까지의 기간, 즉 동일한 사용자와 사용종속적인 관계에서 고용관계가 지속된 기간을 말하는 것으로 근로자의 무단결근기간도 퇴직금 산정을 위한 계속근로기간에 포함된다 할 것입니다.

(퇴직연금복지과-3193, 2015.9.18.)

임금협상이나 단협 타결금을 지급하기로 한 경우 DC연금에 포함하나요?

Q DC형 퇴직연금 사업장입니다. 임금협상이나 단협 타결 시에 소정의 타결금(격려금)을 지급하기로 노사합의하여 협약서에 기재한다면 퇴직연금 불입 시 이 금액도 반영해야 하나요?

협상 타결금은 정기적이거나 고정적이지 않습니다.

A DC형 제도는 사용자가 근로자의 가입기간에 대하여 연간 임금총액의 12분의 1 이상의 금액을 근로자별 DC계정에 부담금으로 납입하여야 하므로 연도 중 월납으로 일부를 납입하였다 하더라도 연간 임금총액을 기준으로 산정한 부담금액에 미달하여서는 안 될 것입니다.

따라서 임금협상 타결로 연도 중 임금을 소급하여 인상하기로 한 경우에는 인상된 연간 임금총액을 기준으로 부담금을 정산하여 추가 납입하여야 할 것입니다.

(근로복지과-3840, 2014.10.16.)

퇴직 시 지급하는 연차유급휴가수당이 DC부담금에 포함하는지요?

사례

Q 근로자가 퇴직 시 지급사유가 발생하는 연차유급휴가미사용수당을 확정기여형 퇴직연금(DC) 부담금 산정 시 산입(부담)해야 하는지요?

A 『근로자퇴직급여보장법』(이하 "법"이라 함) 제13조에 따라 확정기여형(DC) 퇴직연금제도를 설정한 사용자는 연간 1회 이상 가입자의 연간 임금총액의 12분의 1을 부담금으로 납부하여야 하며, 가입자가 탈퇴한 때에 당해 가입자에 대한 부담금을 미납한 경우에는 탈퇴일부터 14일 이내에 부담금을 납부하여야 합니다.

또한, 법 제13조의 연간 임금총액이라 함은 당해 사업연도 중에 근로자에게 지급된 임금의 총액이라는 점에서 근로자의 퇴직으로 인해 비로소 지급사유가 발생한 연차유급휴가미사용수당도 근로의 대가로 발생한 임금에 해당함으로 DC형 퇴직연금 부담금 산정시 산입(부담)하여야 할 것으로 사료됩니다. (퇴직연금복지과-87, 2008.4.1.)

연차수당 및 성과연봉의 퇴직금 산정기준이 어떻게 되나요?

사례

Q 당사 규정에는 연차수당의 경우 퇴직 전에 지급된 최종 연차휴가수당의 12분의 3 해당액(연 1회 지급)과 퇴직일로부터 최종 12개월간에 지급된 성과연봉의 12분의 3 해당액(연말 1회 지급)으로 하고 있습니다.

A 상여금은 근로자가 지급받았을 당해 임금지급기만의 임금으로 취급하여 일시에 전액을 평균임금 산정기초에 산입할 것이 아니고 평균임금을 산정하여야 할 사유가 발생한 때 이전 12개월 중에 지급받은 상여금 전액을 그 기간 동안의 근로개월수로 분할 계산하여 평균임금 산정기초에 산입합니다. 다만, 근로자가 근로를 제공한 기간이 1년 미만인 경우에는 그 기간 동안 지급받은 상여금 전액을 해당 근로 개월수로 분할 계산하여 평균임금 산정기초에 산입합니다. (평균임금 산정상의 상여금 취급요령, 고용노동부 예규 제96호, 2015.10.14.)

행정해석 ✓

■ 연차수당은 퇴직하기 전에 이미 발생한 연차수당 즉, 퇴직 전전년도 출근율에 의하여 퇴직 전년도에 발생한 연차유급휴가 중 미사용하고 근로한 일수에 대한 연차유급휴가미사용수 당액의 경우 지급받은 연차수당액의 3/12을 평균임금 산정 기준임금에 포함합니다. (임금근

로시간정책팀-3295, 2007.11.5.)

- 퇴직전년도 출근율에 의하여 퇴직년도에 발생한 연차유급휴가를 미사용하고 퇴직함으로써 비로소 지급사유가 발생한 연차유급휴가미사용수당의 경우 평균임금의 정의상 산정사유 발생일 이전에 그 근로자에 대하여 지급된 임금이 아니므로 퇴직금 산정을 위한 평균임금 산정 기준임금에 포함되지 아니합니다. [예시) 2011.1.1. 입사한 근로자가 2011년도 출근율에 의하여 2012년도에 부여받은 연차유급휴가 15일 중 10일을 미사용하고 2013.1.1.자로 퇴직하는 경우 이때 지급되는 연차유급휴가미사용수당은 평균임금 산정사유 발생일인 2013.1.1. 이전에 이미 지급된 임금이 아니므로 퇴직금 산정을 위한 평균임금 산정 기준임금에 포함되지 않음) (근로개선정책과-4298, 2013.7.23.)

- 또한 개정법(2017.5.30.입사자부터 적용)에 따라 1년 미만 근로자에게 부여하는 연차유급휴가의 경우 기존 연차유급휴가와 달리 월단위로 발생하여 1년간 행사하지 않아 소멸되면 연차유급휴가 미사용수당이 매월 지급되는 점을 고려하여, 평균임금 정의와 같이 '퇴직 전 3개월 내 지급된 연차유급휴가미사용수당'을 퇴직금 산정을 위한 평균임금 산정기준에 포함하여야 합니다. (근로기준정책과-4958, 2018.7.28.)

퇴직금 일시금 수령 후 근로자가 IRP계좌에 입금한 경우 세금도 환급해줘야 하나요?

Q 당사는 퇴직금을 일시금으로 지급하고 있습니다. 직원이 일시금으로 퇴직금을 받고 본인이 갖고 있는 IRP계좌에 입금을 하였습니다. 계좌개설은행에서 당사로 기 지급한 세금을 환급해줘야 한다는데 이런 경우는 처음인데 어떻게 해야 하나요?

A IRP는 가입자의 선택에 따라 가입자가 납입한 일시금이나 사용자 또는 가입자가 납입한 부담금을 적립 운용하기 위하여 설정한 퇴직연금제도로 급여 수준이나 부담금 수준이 확정되지 않은 퇴직연금제도를 말합니다.

근로자가 본인 명의의 IRP계좌에 중간정산금을 입금하거나, 퇴직금을 지급받고 60일 이내에 IRP계좌로 입금할 경우 추후 퇴직금을 수령할 때까지의 퇴직소득세 원천징수를 유예합니다.

소득세법 제146조(퇴직소득에 대한 원천징수시기와 방법 및 원천징수영수증의 발급 등)

② 거주자의 퇴직소득이 다음 각 호의 어느 하나에 해당하는 경우에는 제1항에도 불구하고 해당 퇴직소득에 대한 소득세를 연금외 수령하기 전까지 원천징수하지 아니한다. 이 경우 제1항에 따라 소득세가 이미 원천징수된 경우 해당 거주자는 원천징수세액에 대한 환급을 신청할 수 있다.

　1. 퇴직일 현재 연금계좌에 있거나 연금계좌로 지급되는 경우

　2. 퇴직하여 지급받은 날부터 60일 이내에 연금계좌에 입금되는 경우

소득세법 제146조 제2항 제1호의 '연금계좌'는 그 법 조문 상 DC형·DB형 퇴직연금계좌나 IRP를 의미하는 것이나, 제2호의 '연금계좌'는 연금저축계좌와 퇴직연금계좌를 모두 포함하는 개념입니다

하지만 소득세가 이미 원천징수된 경우 당사자는 원천징수세액에 대한 환급을 신청할 수 있는데 환급절차는 다음과 같습니다.

소득세법 시행령 제202조의3(퇴직소득세의 환급절차)

① 법 제146조 제2항 각 호 외의 부분 후단에 따라 환급을 신청하려는 사람(이하 이 조에서 "환급신청자"라 한다)은 퇴직소득이 연금계좌에 지급 또는 입금될 때 기획재정부령으로 정하는 과세이연계좌신고서를 연금계좌취급자에게 제출하여야 한다.

② 연금계좌취급자는 제1항에 따라 제출받은 과세이연계좌신고서를 원천징수의무자에게 제출하여야 하고 원천징수의무자는 제202조의2 제1항의 계산식에 따라 계산한 세액을 환급할 세액으로 하되, 환급할 소득세가 환급하는 달에 원천징수하여 납부할 소득세를 초과하는 경우에는 다음 달 이후에 원천징수하여 납부할 소득세에서 조정하여 환급한다. 다만, 원천징수의무자가 기획재정부령으로 정하는 원천징수세액 환급신청서를 원천징수 관할 세무서장에게 제출하는 경우에는 원천징수 관할 세무서장이 그 초과액을 환급한다.

③ 제2항에 따라 환급되는 세액은 과세이연계좌신고서에 있는 연금계좌에 이체 또는 입금하는 방법으로 환급하며, 해당 환급세액은 이연퇴직소득에 포함한다. 다만, 원천징수의무자의 폐업 등으로 연금계좌취급자가 과세이연계좌신고서를 원천징수의무자의 원천징수 관할 세무서장에게 제출한 경우에는 원천징수 관할 세무서장이 해당 환급세액을 환급신청자에게 직접 환급할 수 있다.

④ 법 제146조 제2항에 따라 퇴직소득세를 원천징수하지 않거나 환급한 경우 원천징수의무자는 법 제164조에 따른 지급명세서를 연금계좌취급자에게 즉시 통보하여야 한다.

소득세법 시행령 제202조의3 제3항에 의한 퇴직소득세 과세이연은 제2항에 따라 환급되는 세액은 과세이연계좌신고서에 있는 연금계좌에 이체 또는 입금하는 방법으로 환급하여야 하는 것입니다.

다만, 다음의 경우는 IRP 이전 예외사유에 해당됩니다.

근로자퇴직급여보장법 시행령 제9조(개인형퇴직연금제도로의 이전 예외 사유)

법 제17조 제4항 단서에서 "가입자가 55세 이후에 퇴직하여 급여를 받는 경우 등 대통령령으로 정하는 사유"란 다음 각 호의 어느 하나에 해당하는 경우를 말한다.

1. 가입자가 55세 이후에 퇴직하여 급여를 받는 경우

2. 가입자가 법 제7조 제2항에 따라 급여를 담보로 대출받은 금액 등을 상환하기 위한 경우. 이 경우 가입자가 지정한 개인형퇴직연금제도의 계정으로 이전하지 아니하는 금액은 담보대출 채무상환 금액을 초과할 수 없다.

3. 퇴직급여액이 고용노동부장관이 정하는 금액 이하인 경우(현재 월 300만원)

퇴직연금을 DB에서 DC로 변경할 경우 절차는?

Q 현재 퇴직연금을 DB로 운용하고 있는데 중도정산이 안 되다 보니 직원이 퇴사 후에 재입사하는 경우가 잦습니다. 그래서 중도정산이 가능한 DC로 변경하려고 하는데 어떻게 업무를 진행해야 하는지요?

A 사용자가 퇴직급여제도를 설정하거나 설정된 퇴직급여제도를 다른 종류의 퇴직급여제도로 변경하려고 할 경우에는 근로자 대표의 동의를 받아야 합니다.

퇴직금제도 또는 DB제도만을 설정한 사업장에서 DC제도를 추가로 설정하려는 것은 새로운 퇴직급여제도를 설정하려는 경우에 해당하므로 근로자 대표의 동의를 받아야 합니다. 다만, 추가로 도입되는 DC제도에 가입할 근로자의 범위가 구체적으로 한정(예시 : A 지역 공장의 생산직 근로자)되어 있다면, 해당 근로자의 과반수가 가입한 노동조합이 있는 경우 그 노동조합, 해당 근로자의 과반수가 가입한 노동조합이 없는 경우에는 해당 근로자의 과반수 동의를 받아 DC제도의 추가 설정이 가능합니다. (근로자퇴직급여 보장법령 개정내용 설명자료 - 고용노동부, 2018.06.)

- 『근로자퇴직급여보장법』(이하 "법"이라 함) 제12조 제3호 및 제13조 제6호의 규정에 의하여 DC의 경우 퇴직연금 설정시점 이전에 제공한 근로기간(이하 "과거근로기간"이라 함)을 퇴직연금 가입기간으로 할 수 있음. 또한, 법 제13조 제1호 가목 규정에 의하면 사용자는 최소한 가입자의 연간임금총액의 12분의 1에 해당하는 금액은 현금으로 부담하도록 규정하고 있음.
  따라서, 과거 근로기간을 가입기간에 포함시키기로 결정한 시점(부담금 납부 시점)부터 역산하여 1년간의 임금총액의 12분의 1에 해당하는 금액의 부담금을 부담하는 것이 법 취지상 근로자에게 불이익함이 없으므로, 퇴직금제도 및 DB형 제도에서 DC형 퇴직연금제도로 변경 시 과거 근로기간분 (DC형 퇴직연금 설정 전에 제공한 근로기간)에 대한 퇴직연금 부담금 산정 방법은 동일하다고 판단됨. (퇴직연금복지과-259, 2009.02.04.)

- 근로자가 DB형에서 DC형으로 전환하는 경우 과거 근로기간에 대하여 일괄 또는 순차적 소급, 과거기간 전체 또는 일부 소급 여부 등은 사용자의 재정부담 등을 감안하여 노사합의에 따라 퇴직연금규약으로 정하여 시행하면 될 것입니다. 이 때, DB형의 가입기간을 소급하여 DC형 제도의 가입기간으로 하는 경우에는 과거 소급분에 대한 부담금 산정은 소급하기로 결정한 날 이전 1년간 가입자가 지급받은 임금총액을 기준으로 산정하여 부담하되(연간임금총액의 12분의 1 이상), 이 때 산정한 부담금은 소급기간 1년에 대하여 평균임금의 30일분 이상이 되어야 할 것입니다. (퇴직연금복지과-3625, 2015.10.20.)

퇴직연금규약을 작성해서 근로자 과반수의 동의를 얻어 고용노동부에 접수한 다음에 퇴직연금규약을 은행 또는 신탁기관에 제출하는 절차를 거치되 사전에 회사 내부 관련 부서(회계부서 등)와 협의하여 진행하면 될 것입니다.

퇴직연금 운용수수료는
누구의 부담입니까?

사례

Q DC형 퇴직연금에 가입한 사업장입니다. 퇴직연금 운용수수료를 회사에서 내야 한다고 하는데, 수익은 직원이 가져가는데 회사가 부담하는 것이 맞나요?

A 2011.7.25. 개정된 구『근로자퇴직급여 보장법』제19조 및 같은 법 시행령 제 10조 제1항·제2항에서 확정기여(DC)형 퇴직연금제도를 설정한 사업장은 퇴직연 금 사업자와 운용관리업무 및 자산관리업무 수수료의 부담에 관한 사항을 퇴직연 금 규약에 정하여 신고하도록 규정하고 있고, 이에 대한 수수료는 사용자가 부담 (다만, 가입자가 본인 스스로 부담하는 금액에 대한 수수료는 가입자 부담)하도록 하면서, 동 법 시행령 부칙 제2조에서 법 시행 당시 퇴직연금제도를 설정한 사업장에 대해서는 2013.7.26. 이후 발생하는 수수료부터 적용하는 것으로 정하고 있습니다. (퇴직연금 복지과-3187, 2015.9.18.)

☞ 퇴직연금사업자는 운용관리 및 자산관리업무를 수행하고, 운용관리수수료와 자산관리수수료를 수 취합니다. 근로자퇴직급여보장법에서는 DC·기업형 IRP의 운용 및 자산관리 수수료는 사용자가 부 담하고, IRP 및 가입자추가부담금의 운용·자산관리수수료는 근로자가 부담하도록 부담 주체를 명 시하였습니다.

퇴직연금 가입자 교육은
어떻게 진행해야 하나요?

사례

Q 퇴직연금 교육을 회사에서 서면으로 실시해도 되는지요? 기존에는 퇴직연금 사업자가 매년 1회 이메일로 교육자료를 배포하였습니다. 교육자료도 보관해야 하나요?

A 퇴직연금사업자가 퇴직연금 가입자에게 서면교육을 실시하기 위하여 교육내용과 직접 관련 없는 우편물 발송 등 단순 업무는 외부업체에 위탁할 수 있을 것으로 판단됩니다. 다만, 동 업무위탁은 가입자의 정보 제공·이용이 개인정보보호법 등 관련 법령에 저촉되지 않는 범위 내에서 이루어져야 할 것입니다. (근로복지과-3291, 2011.12.14.)

법규 및 행정해석 ✓

- 퇴직연금제도(개인형퇴직연금제도는 제외한다)를 설정한 사용자는 매년 1회 이상 가입자에게 해당 사업의 퇴직연금제도 운영 상황 등 대통령령으로 정하는 사항에 관한 교육을 하여야 한다. 이 경우 사용자는 퇴직연금사업자에게 그 교육의 실시를 위탁할 수 있다.
  (근로자퇴직급여보장법 제32조 제②항)

- 퇴직연금제도를 설정한 시기는 당해 사업장의 퇴직연금제도 시행일이 될 것인바, 사용자는 퇴직연금제도를 시행한 날을 기산일로 하여 매년 1회 이상 퇴직연금제도에 대한 교육을 실시하여야 할 것임. (퇴직급여보장팀-1848, 2006.5.30.)

퇴직금과 회사 채권액(사내 대출금)의 상계가 가능한지요?

Q 직원이 퇴사를 했는데 사내 대출한 금액이 남아 있습니다. 퇴직금에서 공제 후 지급하려고 하는데 법적으로 문제가 되나요?

A 임금의 전액지급의 원칙에 비추어 사용자가 근로자의 급료나 퇴직급여 등 임금채권을 사용자의 근로자에 대한 다른 채권으로 상계할 수 없다 할 것이며, 사용자가 근로자의 퇴직 후 근로자의 동의를 얻어 상계(퇴직금 수령 영수증 작성, 채권 상계)하는 경우에 그 동의가 근로자의 자유로운 의사에 터 잡아 이루어진 것이라고 인정할 만한 합리적인 이유가 객관적으로 존재하는 경우에는 가능할 것으로 판단됩니다.

한편, 근로자의 동의가 진의에 의한 동의인지 여부에 대하여는 다툼의 소지가 있을 수 있으므로 퇴직금을 지급한 후 별도로 채권채무관계를 해소하는 것이 바람직함을 알려드리니 업무에 참고하기 바랍니다. (임금복지과-2332, 2009.10.9.)

퇴직연금 중단 후
퇴직금제도 운영 가능 여부는?

Q 당사는 지난해부터 DB형 퇴직연금제도를 도입하여 운영하고 있습니다. 회사 자금 운영상 필요로 인해 퇴직연금을 중단하고 퇴직금제도로 전환하려고 합니다. 기존 퇴직연금제도 폐지신고를 해야 하는지요?

A 『근로자퇴직급여보장법』(이하 "근퇴법") 제4조 제1항에 따라 사용자는 퇴직하는 근로자에게 급여를 지급하기 위하여 복수의 퇴직급여제도를 설정할 수 있고, 퇴직급여제도 변경 시 종전에 설정된 퇴직연금제도를 폐지하는 것은 의무사항이 아닙니다.

따라서 DB형 퇴직연금제도에서 DC형 퇴직연금제도로 변경함에 따라 DB형 퇴직연금제도에 가입된 근로자가 없고 DB형 퇴직연금제도에 적립된 적립금이 이전되어 적립금이 없어 사실상 DB형 퇴직연금제도 운영이 중단된 것으로 볼 수 있는 경우에도

『근퇴법』제4조 제1항에 따라 복수의 퇴직급여제도 설정이 가능하다는 점,『근퇴법』에서 퇴직급여제도 변경 시 종전의 제도를 폐지하도록 의무화하고 있지 않는 점, 당해 사업장은 향후 새로이 입사한 근로자가 DB형 퇴직연금제도에 가입하고자 하는 경우에 대비하여 DB형 퇴직연금제도를 유지하고자 하는 점 등을 고려하면 DB형 퇴직연금제도 폐지 여부는 사업장이 자율적으로 결정할 수 있도록 하여야 할 것으로 사료됩니다. (근로복지과-3209, 2012.9.17.)

임금협상 중인데 소급하게 되는 경우 부담금도 소급해줘야 하는지요?

사례

Q 당사는 DC형 퇴직연금에 가입하고 있고, 매월 불입을 하고 있습니다. 중간에 연봉협상이 이루어지는데 연간 임금총액으로 계산해야 한다면 작년 임금총액으로 해야 하는지, 아니면 올해 연봉협상한 연간 임금총액으로 해야 하는지?

A DC형 제도는 사용자가 근로자의 가입기간에 대하여 연간 임금총액의 12분의 1 이상의 금액을 근로자별 DC계정에 부담금으로 납입하여야 하므로 연도 중 월납으로 일부를 납입하였다 하더라도 연간 임금총액을 기준으로 산정한 부담금액에 미달하여서는 안 될 것입니다. 따라서 임금협상 타결로 연도 중 임금을 소급하여 인상하기로 한 경우에는 인상된 연간 임금총액을 기준으로 부담금을 정산하여 추가 납입하여야 할 것입니다. (근로복지과-3840, 2014.10.16.)

DC형 퇴직연금제도는『근로자퇴직급여보장법』(이하 "법"이라 함) 제2조 제9호에 따라 급여의 지급을 위하여 사용자가 부담하여야 할 부담금의 수준이 사전에 결정되어 있는 퇴직연금제도로서 근로자는 자신의 적립금을 직접 운용한 뒤 퇴직 시 그 결과에 따라 급여를 지급받는 제도입니다. 법 제20조에 따라 사용자는 연간 1회 이상 가입자의 연간 임금총액의 12분의 1 이상으로 규약에 정하고 있는 부담금을 현금으로 가입자의 DC형 퇴직연금제도 계정에 납입하면 특별한 사정이 없는 한 퇴직하는 근로자에 대한 급여지급 의무를 이행한 것으로 간주됩니다.

사용자가 가입자의 DC형 퇴직연금제도 계정에 부담금을 납입하고 가입자가 적립금을 중도인출 하였다면 그 해당기간에 대한 퇴직급여는 이미 지급된 것으로 보아야 할 것으로 사료됩니다. 따라서 월별 또는 분기별로 납입된 부담금을 중도인출 하였다면 그 이후 임금인상률이 확정된 경우 중도인출 한 기간에 대해 이미 지급 완료한 부담금을 다시 산정할 것이 아니라 연도말 연간 임금총액을 기준으로 당해연도 부담금을 납입하면 될 것입니다. 다만 노사간 별도의 특약에 의해 중도인출 이전의 기간의 부담금을 다시 산정하거나 퇴직급여 차액을 별도 지급하는 것은 가능할 것으로 사료됩니다. (근로복지과-2213, 2013.6.27.)

퇴직연금에 가입이 안 된 상태에서 퇴사할 경우 퇴직금 지급방법은?

사례

Q 당사는 연말에 1년 이상 근무자만 퇴직연금에 가입합니다. 그런데 작년에 입사한 직원이 퇴사를 하게 되는데 퇴직연금에 가입이 안 된 상태라서 이런 경우에는 퇴직금을 바로 급여통장으로 지급해도 되는지, 아니면 퇴직연금을 지금 시점에 가입시켜서 퇴직연금 통장에 입금해야 하나요?

A 『근로자퇴직급여보장법』제17조 제2항 및 제3항에 따라 사용자는 가입자가 퇴직으로 인해 급여를 지급할 사유가 발생한 날로부터 14일 이내에 퇴직연금사업자로 하여금 적립금의 범위에서 지급의무가 있는 급여 전액을 지급하여야 하고, 전액 지급이 불가한 경우에는 그 부족한 금액 또한 지급 사유 발생한 날로부터 14일 이내에 지급하여야 합니다.

이때 퇴직급여의 지급방법은 동법 시행령 제9조에 따라 가입자가 55세 이후에 퇴직하여 급여를 받는 경우, 퇴직급여를 담보로 대출받은 금액을 상환하는 경우, 퇴직급여액이 300만원 이하인 경우를 제외하고는 가입자가 지정한 개인형퇴직연금제도(IRP)의 계정으로 이전하여야 합니다.

만약, 사용자가 퇴직일부터 14일 이내에 퇴직급여를 지급하지 않은 경우에는 동법 제44조 제2호에 따라 3년 이하의 징역 또는 2천만원 이하의 벌금에 처하게 됩니다. 따라서, 사용자가 퇴직연금급여를 퇴직일부터 14일 이내에 해당 근로자의 개인형퇴직연금제도의 계정으로 이전하지 않는다면 미지급에 따른 형사처벌의 대상이 됩니다.

다만, 퇴직급여에 해당하는 금액을 사용자가 부득이 가입자 명의의 일반 급여 계좌로 14일 이내에 지급하였음에도 동법에서 정한 지급방식을 준수하지 않았다는 이유만으로 퇴직급여 미지급으로 보기는 어렵다고 사료됩니다. (퇴직연금복지과-1950, 2015.6.18.)

행정해석 ✓

■ 개인형퇴직연금제도(IRP)는 이직 시 수령한 퇴직급여를 적립·축적하여 노후소득 재원으로 활용할 수 있도록 한 통산장치로서, 이직 시 퇴직급여를 가입자의 IRP 계정으로 이전하고, 연금 수령 시점까지 적립된 퇴직급여를 과세 이연 혜택을 받으며 운영하다 일시금 또는 연금으로 수령하는 장치입니다. (퇴직연금복지과-4322, 2017.10.24.)

■ 『근로자퇴직급여보장법』 제24조 제1항에 따라 개인형퇴직연금제도(IRP)는 퇴직급여제도의 일시금을 수령한 사람, 퇴직연금제도의 가입자로서 추가로 자기 부담금을 납입하려는 사람 등이 설정할 수 있습니다. 같은 법 제2조 제5호에 따르면 퇴직급여제도의 급여란 퇴직금 및 퇴직연금제도에 의해 근로자에게 지급되는 연금 또는 일시금을 말함. (퇴직연금복지과-2692, 2015.8.11.)

따라서 『근로자퇴직급여보장법』 제17조 제2항 및 제19조 제2항에 따라 가입자의 퇴직 등 급여를 지급할 사유가 발생한 때에는 가입자가 지정한 개인형퇴직연금제도(IRP)의 계정으로 이전하는 방법으로 급여를 지급하여야 합니다.

확정급여형 퇴직연금(DB)의 경우 최소 적립비율 위반 시 불이익이 있나요?

사례

Q 확정급여형(DB)에 가입한 사업장으로 확정급여형 퇴직연금제도의 최소적립금 기준에 따르면 일정비율 이상으로 적립되어야 한다고 하는데 매년 은행에서 개인별로 적립 안내장이 오는데 기준 미만입니다. 이 항목을 위반시 어떤 제재나 불이익이 있나요?

A 확정급여형 퇴직연금제도를 설정한 사용자는 『근로자퇴직급여보장법』 제16조 규정에 따라 급여 지급능력을 확보하기 위하여 매 사업연도 말 기준으로 확정급여형 퇴직연금의 재정건전성을 확보하여야 합니다. 매 사업연도 말 기준책임준비금 대비 최소적립비율 위반에 따른 과태료 규정은 없지만, 근로자퇴직급여보장법 시행령 제5조에 의거 2018년 이후는 '고용노동부령이 정하는 100분의 80 이상의 비율'을 최소적립금으로 적립하여야 하는데 '과거 근로기간에 대한 확정급여형퇴직연금제도의 최소적립비율(고용노동부고시 제2017-68호, 2017.12.18.)'에 따르면 다음과 같습니다.

- 2019년부터 2020년 12월 31일까지의 기간은 100분의 90
- 2021년 1월 1일 이후는 100분의 100

『근로자퇴직급여보장법』제16조에 따라 사용자의 퇴직급여 지급능력을 확보하기 위하여 DB형 퇴직연금제도의 운용관리업무를 수행하는 퇴직연금사업자는 매 사업연도 종료 후 6개월 이내에 사업장 적립금 수준이 기준책임준비금 대비 최소적립금을 상회하고 있는지 여부를 확인하기 위하여 재정검증을 실시하여야 합니다. (퇴직연금복지과-1328, 2016. 4. 7.)

아울러, 사용자는 제2항에 따른 확인 결과 적립금이 대통령령으로 정하는 수준에 미치지 못하는 경우에는 대통령령으로 정하는 바에 따라 적립금 부족을 해소하여야 합니다.

회사 사정에 따른 휴업기간 동안의 DC부담금 산정 방법은?

사례

Q 휴업기간 중 DC형 부담금 산정 방법에 대해서 사업주 귀책사유로 인한 휴업한 기간에 대하여 1년에 1회만 수령하는 보너스나 휴가비 등도 부담금 산정에 포함하는지요?

A 기존 행정해석(퇴직급여보장팀-1090, '07 3.15.)은 수습사용기간, 업무상 부상·질병, 출산전후휴가기간, 육아휴직기간, 사용자의 귀책사유로 휴업, 적법한 쟁의행위기간, 병역법 등의 의무이행 기간 및 업무 외 부상·질병 기타의 사유로 인하여 사용자의 승인을 얻어 휴업한 기간에 대해서는 해당 기간의 임금을 제외한 연간 임금총액을 해당 기간을 제외한 기간으로 나눈 금액으로 부담금을 산정한다고 하였는 바, 이는 『근로기준법』 제2조 제6호의 평균임금 개념과 같은 법 시행령 제2조 제1항에서 규정한 평균임금의 계산에서 제외되는 기간과 임금의 원리를 도입한 것으로, 근로자가 정상적인 근로를 제공하지 못했을 경우 통상의 생활임금에 따른 평균임금을 산정하여 근로자의 퇴직급여 수급권을 보호하려는 취지에 따른 것입니다.

　기존의 행정해석은 휴업한 기간 내에 연 1회 지급받은 임금(상여금 등)이 있을 경우 해당 임금까지 산정대상에서 제외한다는 의미가 아니라 휴업한 기간의 월 단위 임금에 한하여 해석된 것으로써 연 1회 성과급, 휴가비 등으로 지급받은 임금에 대해서는 상기 해석과 관계없이 『근로자퇴직급여보장법』 제20조 제1항에 따라 12분의 1로 부담금을 산정하여야 할 것입니다. (근로복지과-616, 2013.2.18.)

퇴직연금 중도인출 시 부양가족의 범위는?

사례

Q 소득세법상 부양가족 중 6개월 이상 치료를 사유로 퇴직연금 중도인출을 받으려고 하는데 부양가족이 전년도 연말정산할 때 반드시 기본공제 부양가족으로 포함되어야 하는지요?

금융기관에서는 상관없다고 하는데 실무상 어떻게 처리해야 하나요?

A 『근로자퇴직급여보장법』 시행령 제3조 제1항 제3호 따라 근로자, 근로자의 배우자 또는 『소득세법』 제50조 제1항에 따른 근로자 또는 근로자의 배우자와 생계를 같이하는 부양가족이 질병 또는 부상으로 6개월 이상 요양을 하는 경우 중간정산이 가능하도록 규정하고 있습니다. (위 사유로 근로자의 청구와 사용자의 승낙이 있어야 중간정산이 가능함)

여기서 『소득세법』 제50조 제3항에 따른 '부양가족'이라 함은 근로자(배우자를 포함)의 ① 60세 이상 직계존속, ② 20세 이하의 직계비속 또는 동거 입양자, ③ 20세 이하 또는 60세 이상인 형제자매, ④ 『국민기초생활 보장법』에 따른 기초생활수급자, ⑤ 『아동복지법』에 따라 가정위탁을 받아 양육하는 아동이 해당됩니다.

또한, 『소득세법』 제53조 제1항 및 제3항에서 규정한 바와 같이 '생계를 같이하는' 부양가족인지 여부는 주민등록표의 동거가족으로서 해당 거주자의 주소 또는 거소에서 현실적으로 생계를 같이 하는 사람이어야 할 것입니다. 다만, 부양가족 중 근로자(배우자를 포함)의 직계존속이 주거 형편에 따라 별거하고 있는 경우에는 『소득세법』제50조에서 규정하는 생계를 같이 하는 사람으로 보고 있습니다.

따라서 근로자(배우자를 포함)의 직계존속인 친할머니가 60세 이상이고, 질병 또는 부상으로 6개월 이상 요양을 하는 경우라면 중간정산을 받을 수 있는 요건에 해당하는 것으로 볼 수 있을 것이며, 이때 부양가족임을 입증할 수 있는 최소한의 증명서(가족관계증명서 또는 주민등록등본 등)를 통하여 확인할 수 있는 서류를 사용자에게 제출하면 될 것입니. 다(퇴직연금복지과-2894, 2015.8.27.)(관련 행정해석; 퇴직연금복지과-2482, 2016.7.13. 근로복지과-3141, 2013.9.10. 퇴직급여보장팀-3586, 2006.9.20.)

퇴직금 중간정산 시
무주택자가 전세계약을 하는 경우는?

Q 퇴직금 중간정산은 일부에 한해 허용되는 것으로 알고 있는데 전세 마련으로 직원이 문의를 하였습니다. 새롭게 전세계약을 하는 것 같은데 세부적으로 충족해야 하는 요건이 있는지 궁금합니다. 또한 중간정산시 회사가 받아야 하는 서류가 있는지요?

A 『근로자퇴직급여보장법』제8조 제2항 및 같은 법 시행령 제3조 제1항 제2호에 따라 무주택자인 근로자가 주거를 목적으로 『민법』제303조에 따른 전세금 또는 『주택임대차보호법』제3조의2에 따른 보증금을 부담하는 경우, 퇴직금제도를 설정한 사용자는 퇴직하기 전에 해당 근로자의 계속근로기간에 대한 퇴직금을 미리 정산하여 지급할 수 있도록 규정하고 있습니다.

주택구입이나 전세·임차보증금 등 근로자가 일시적으로 많은 목돈을 부담하는 경우를 감안하여 퇴직금 중간정산 사유로 정한 법적 취지를 고려한다면, 무주택자인 근로자가 전세금의 증액 없이 단순히 계약기간만 연장하는 경우라면 중간정산 사유에 해당되지 않는다 할 것입니다. (퇴직연금복지과-3827, 2015.11.6.)

『근로자퇴직급여보장법』제22조 및 같은 법 시행령 제14조 제1호, 제2조 제1항1의2호에 따라 무주택자인 가입자가 주거를 목적으로 『민법』제303조에 따른 전세금 또는 『주택임대차보호법』제3조의2에 따른 보증금을 부담하는 경우 퇴직연금 중도인출이 가능합니다.

　따라서, 전세금(보증금) 부담에 따른 중도인출은 무주택자인 가입자가 주거를 목적으로 본인 명의 또는 주민등록등본 등을 통해 동일 세대임이 증명된 세대원의 명의로 계약을 체결하는 경우에 가능합니다. 가입자 본인이 아닌 다른 사람의 명의로 임대차계약을 하고 중도인출을 받기 위해서는 주민등록등본 등을 통해 해당 계약자가 중도인출을 신청한 가입자와 동일 세대임이 증명되어야 할 것입니다. (퇴직연금복지과-3862, 2017.9.15.)

퇴직금 중간정산 시
부양가족이 수술을 하는 경우는?

사례

Q 당사는 퇴직연금에 가입되어 있는데 직원이 개인적인 사정으로 중도정산을 받아야 합니다. 부양가족이 큰 수술로 6개월 정도 쉬어야 하는데 이런 경우 어떻게 하나요? 비슷한 사유나 서류가 필요한지요?

A 객관적 진료기록을 토대로 6개월 이상 치료하였음을 입증한 경우에 한해 퇴직금의 중간정산이 가능할 것입니다. (퇴직연금복지과-1109, 2015.4.14.)

퇴직연금 중도인출 사유 중 '6월 이상 요양을 하는 경우'를 증빙하는 서류가 법령에 정해진 바 없으므로 6월 이상 요양이 필요하다는 것을 객관적으로 증빙할 수 있으면 가능한 바, 의사진단서뿐만 아니라 의사소견서로도 가능할 것으로 판단됩니다. (퇴직연금복지과-729, 2009.3.27.)

※ 근로자퇴직급여보장법 시행령 제14조(확정기여형퇴직연금제도의 중도인출 사유)
가입자가 6개월 이상 요양을 필요로 하는 가입자 본인, 가입자의 배우자, 가입자 또는 그 배우자의 부양가족(소득세법 제 50조 제1항 제3호에 따른 부양가족)이 질병이나 부상에 대한 의료비(소득세법 시행령 제118조의 5 제1항 및 제2항에 따른 의료비)를 부담하는 경우 (단, 법 시행령 제14조에 의거 가입자가 본인 연간 임금총액의 1천분의 125를 초과하여 의료비를 부담하는 경우에만 중도인출 가능) (2020.04.30. 개정 시행)

출산 및 육아휴직기간에도
퇴직금을 지급하나요?

사례

Q 3년 반을 근무하고 퇴사하는 직원이 있는데 이 기간 중에 출산휴가 3개월, 육아휴직 9개월 정확히 1년 휴직을 하였습니다. 2년 6개월에 대해 퇴직금을 주는지, 아니면 3년 6개월에 대해 퇴직을 지급해야 하는지요?

A 『근로자퇴직급여보장법』 제8조에 따라 사용자는 계속근로기간 1년에 대하여 30일분 이상의 평균임금을 퇴직금으로 지급하여야 하며, 『남녀고용평등과 일·가정 양립 지원에 관한 법률』 제19조 제4항에 따라 육아휴직 기간은 계속근로기간에 포함되므로 육아휴직 기간에 대해서도 퇴직금이 지급되어야 합니다. (퇴직연금복지과-3252, 2017.8.2.)

관련 법규 ⓘ

■ 근로기준법 시행령 제2조(평균임금의 계산에서 제외되는 기간과 임금)

① 「근로기준법」(이하 "법"이라 한다) 제2조 제1항 제6호에 따른 평균임금 산정기간 중에 다음 각 호의 어느 하나에 해당하는 기간이 있는 경우에는 그 기간과 그 기간 중에 지급된 임금은 평균임금 산정기준이 되는 기간과 임금의 총액에서 각각 뺀다.

1. 근로계약을 체결하고 수습 중에 있는 근로자가 수습을 시작한 날부터 3개월 이내의

기간

2. 법 제46조에 따른 사용자의 귀책사유로 휴업한 기간

3. 법 제74조에 따른 출산전후휴가 기간

4. 법 제78조에 따라 업무상 부상 또는 질병으로 요양하기 위하여 휴업한 기간

5. 「남녀고용평등과 일·가정 양립 지원에 관한 법률」 제19조에 따른 육아휴직 기간

6. 「노동조합 및 노동관계조정법」 제2조 제6호에 따른 쟁의행위기간

7. 「병역법」 「예비군법」 또는 「민방위기본법」에 따른 의무를 이행하기 위하여 휴직하거나
   근로하지 못한 기간. 다만, 그 기간 중 임금을 지급받은 경우에는 그러하지 아니하다.

8. 업무 외 부상이나 질병, 그 밖의 사유로 사용자의 승인을 받아 휴업한 기간

산재로 장기간 요양하다가
퇴사할 경우 퇴직금 산정 방법은?

사례

Q 뇌출혈로 6년 동안 장기요양 중인 산재근로자가 있는데 올해 말에 정년퇴직 예정입니다. 퇴직금 평균임금 산정은 어떻게 해야 하나요?

A 근로자가 업무상 부상 또는 질병으로 인하여 장기간 요양 후 퇴직하는 경우 퇴직금 산정을 위한 평균임금은 근로기준법 시행령 제5조 제4항에 따라 조정된 평균임금으로 하여야 합니다. 따라서 퇴직금은 휴업급여를 수령할 때 적용받은 평균임금이 변동이 없었다면 이를 적용할 수 있을 것으로 사료됩니다. (근로기준과-528, 2011.01.31.)

근로자가 업무상 부상 또는 질병으로 인하여 장기간 요양 후 퇴직하는 경우, 퇴직금 산정을 위한 평균임금은『근로기준법 시행령』제5조 제4항에 따라 조정된 평균임금으로 하여야 할 것입니다. (근로복지과-5085, 2014.12.29.)

관련 법규 ⓘ

- 근로기준법 시행령 제5조(평균임금의 조정)

  ① 법 제79조, 법 제80조 및 법 제82조부터 제84조까지의 규정에 따른 보상금 등을 산정할 때 적용할 평균임금은 그 근로자가 소속한 사업 또는 사업장에서 같은 직종의 근로자

에게 지급된 통상임금의 1명당 1개월 평균액(이하 "평균액"이라 한다)이 그 부상 또는 질병이 발생한 달에 지급된 평균액보다 100분의 5 이상 변동된 경우에는 그 변동비율에 따라 인상되거나 인하된 금액으로 하되, 그 변동 사유가 발생한 달의 다음 달부터 적용한다. 다만, 제2회 이후의 평균임금을 조정하는 때에는 직전 회의 변동 사유가 발생한 달의 평균액을 산정기준으로 한다.

② 제1항에 따라 평균임금을 조정하는 경우 그 근로자가 소속한 사업 또는 사업장이 폐지된 때에는 그 근로자가 업무상 부상 또는 질병이 발생한 당시에 그 사업 또는 사업장과 같은 종류, 같은 규모의 사업 또는 사업장을 기준으로 한다.

③ 제1항이나 제2항에 따라 평균임금을 조정하는 경우 그 근로자의 직종과 같은 직종의 근로자가 없는 때에는 그 직종과 유사한 직종의 근로자를 기준으로 한다.

④ 법 제78조에 따른 업무상 부상을 당하거나 질병에 걸린 근로자에게 지급할 「근로자퇴직급여 보장법」 제8조에 따른 퇴직금을 산정할 때 적용할 평균임금은 제1항부터 제3항까지의 규정에 따라 조정된 평균임금으로 한다.

무주택자의 주택 구입이
생애 첫 주택구입자에만 해당하는지요?

사례

Q 무주택자의 주택 구입 목적으로 중도인출이 된다고 하는데 이것이 생애 첫 번째 주택 구입 시에만 해당하는 건지요? 직원 중에 은행 대출받아 집을 매매한 적이 있으며, 다른 지역 전보로 이사를 가야해서 현재 집을 팔고 다른 집을 사게 될 경우 퇴직연금 중도인출이 가능한지요?

A 『근로자퇴직급여보장법』 제8조 및 같은 법 시행령 제3조 제1항에 따라 무주택자인 가입자가 본인 명의로 주택을 구입하는 경우 퇴직금 중간정산이 가능하며, 무주택자 여부에 대한 판단은 중간정산 신청일을 기준으로 신청인 본인 명의로 등기된 주택이 있는지 여부입니다. 따라서 위의 질의 내용과 같이 주택을 보유하였으나 주택을 매도한 이후 중간정산을 신청하였다면, 중간정산 신청시점에서 무주택자가 되었으므로 새로이 주택을 구입할 경우 중도인출이 가능할 것으로 사료됩니다. (퇴직연금복지과-4589, 2017.11.9.)

또한 『근로자퇴직급여보장법』 상 무주택자인 가입자가 주택을 구입하는 경우 중도인출이 가능하므로 중도인출 신청당시 기 소유의 주택을 매도하여 무주택자가 되었다면 새로이 주택을 구입할 경우 중도인출이 가능할 것으로 판단됩니다. (임금복지과-2331, 2009.10.9.)

아울러 해당 사유별 필요 증빙서류는 법령상 정해진 바 없으나, 신규 분양의 경우 분양계약서, 경매의 경우 경매를 받았다는 증빙서, 신축의 경우 주택 설계서 및 공사계약서 등 해당 사유를 확인할 수 있는 서류를 첨부하면 될 것으로 판단됩니다. (임금복지과-2818, 2009.11.16.)

한편『근로자퇴직급여보장법』상 무주택자인 근로자가 본인 명의로 주택을 구입하는 경우에는 중도인출이 가능하며, 이때 해당 근로자가 중도인출을 신청하는 날을 기준으로 무주택자인 경우에 중도인출이 가능하다고 보아야 할 것입니다. 현행 법령상 무주택자임을 확인하는 명확한 방법이 규정되어 있지는 않으나, 가입자가 중도인출을 신청할 경우 ① 가입자의 주민등록등본상 주소와 동일 지번의 '건물등기부등본' 또는 '건축물관리대장등본' ② 가입자의 '재산세 과세증명서' ③ 가입자의 '무주택자임을 확인하는 서약서' 등 확인서류 제출을 통하여 중도인출 신청이 가능할 것으로 사료됩니다.

따라서 종전 주택의 매도일과 새로운 주택의 매수일이 동일한 경우 확인서류 등을 통해 무주택자임을 증명할 구체적인 확인방법이 없으므로 중도인출 신청이 불가능할 것으로 사료됩니다. (근로복지과-1311, 2013.4.16.)

본인 주택 건축 시
퇴직금 중간정산 가능 여부는?

사례

Q 직원 중에 본인이 주택을 새로 짓는다고 하여 퇴직금 중간정산(DC)이 가능한지 문의하였습니다. 주택 신축의 경우 아직 건축이 완료가 안 된 집을 사는 경우일 수도 있고 본인이 직접 주택을 짓는 경우 중간정산 요건에 해당하는지요?

A 무주택자가 주택을 신축하는 경우에 제3자로 하여금 주택공사를 하게 하는 경우에는 공사계약서로 주택 신축을 증빙할 수 있을 것이며, 본인이 스스로 주택을 건축하는 경우에는 건축설계서, 건축허가서, 착공신고필증 등 객관적으로 건축물의 용도가 주택임 증빙할 수 있는 서류로 중도인출이 가능할 것으로 사료됩니다.

무주택자가 본인 명의의 주택을 구입하는 경우에 중도인출 할 수 있는 바, 신축 중인 주택을 구입할 때에는 매매계약서, 계약금영수증, 건축허가서 및 착공신고필증 등 건축물의 명칭과 주용도를 확인하여 객관적으로 매매하는 대상이 주택임을 입증할 수 있는 서류로 중도인출이 가능할 것으로 사료됩니다. (퇴직연금복지과-2726, 2015.8.13.)

근로자 계열사 이동 시 근무기간을 통산하여 계산이 가능한지요?

사례

Q 중소기업 A 법인에 근무하던 근로자를 지배관계에 있는 B 법인으로 전출하였으나 퇴직처리 하지 않고 퇴직시 지급해야 할 퇴직급여추계액 전액을 B 법인에 지급하고 근속연수는 A 법인과 B 법인의 근무기간을 통산하여 계산이 가능한지요?

A 계열사간 전출입 시 당사자 사이에 종전 회사의 근로관계를 승계하기로 한 경우 해당 근로자에 대한 퇴직급여 지급의무 및 적립금을 새로운 회사로 이전하고 종전 회사에서의 DB제도 가입기간을 새로운 회사의 가입기간에 합산할 수 있습니다. (퇴직연금복지과-1327, 2016.4.7.)

퇴직연금제도는 퇴직급여 지급을 위한 재원을 사외 퇴직연금사업자에게 보관·운용하는 방법으로 근로자의 수급권을 보장하는 제도입니다. 이런 제도의 성격으로 인해 퇴직급여 지급을 위한 재원을 사내유보하는 퇴직금제도로 변경하거나, 퇴직금제도를 적용하는 사업장으로의 근로관계 이동 시 퇴직연금 적립금을 퇴직금 재원으로 사내 적립하여 통산하지 않도록 하고 있습니다.

관계사 전출입의 경우, 새로이 전입하는 사업장에서 종전 근로기간을 계속근로기간으로 승계하기로 한 경우에는 퇴직연금 적립금을 전입하는 사업장으로 이전할 수 없고, 관계사 간 특약으로 종전 근로기간에 대한 퇴직급여 비용을 별도로 처리하기로 정하거나, 관계사 전출입으로 종전 사업장에서의 근로관계가 종료되므로 해당 근로기간에 대해 퇴직급여를 정산하여 지급하는 방법 등으로 처리하면 될 것입니다. (퇴직연금복지과-3331, 2016.9.12.)

근로자의 '계열사 간 전출입에 따라 계약을 이전하는 것'은 퇴직연금 가입자의 퇴직으로 급여를 지급하는 경우가 아니라 해당 가입자의 적립금을 이전(이체)하는 것이므로 DB에서 DB는 가능하나, 퇴직연금 사업장에서 퇴직금 사업장으로 전보시에는 정산 지급처리하면 됩니다.